智能制造

产业赋能与商业创新

向凌云　王　威　马明辉 ◎ 著

中国铁道出版社有限公司
CHINA RAILWAY PUBLISHING HOUSE CO., LTD.

图书在版编目（CIP）数据

智能制造：产业赋能与商业创新 / 向凌云，王威，马明辉著. -- 北京：中国铁道出版社有限公司，2025. 5.
ISBN 978-7-113-31882-6

Ⅰ．F426.4

中国国家版本馆 CIP 数据核字第 202562XH75 号

书　　名：智能制造——产业赋能与商业创新
　　　　　ZHINENG ZHIZAO: CHANYE FUNENG YU SHANGYE CHUANGXIN
作　　者：向凌云　王　威　马明辉

责任编辑：奚　源　　编辑部电话：（010）51873005　电子邮箱：zzmhj1030@163.com
封面设计：宿　萌
责任校对：苗　丹
责任印制：赵星辰

出版发行：中国铁道出版社有限公司（100054，北京市西城区右安门西街 8 号）
网　　址：https://www.tdpress.com
印　　刷：河北宝昌佳彩印刷有限公司
版　　次：2025 年 5 月第 1 版　2025 年 5 月第 1 次印刷
开　　本：710 mm×1 000 mm　1/16　印张：12.75　字数：155 千
书　　号：ISBN 978-7-113-31882-6
定　　价：68.00 元

版权所有　侵权必究

凡购买铁道版图书，如有印制质量问题，请与本社读者服务部联系调换。联系电话：（010）51873174
打击盗版举报电话：（010）63549461

前言

作为新时代产业变革的战略焦点与核心驱动力，智能制造是融合物联网、大数据、AI、云计算等新一代数字技术，具备信息自主感知、决策自主优化、精准执行等功能的先进制造系统、模式与流程的总称。其以智能工厂为载体，贯穿企业研发、生产、销售、服务、管理等各个环节，为企业实现与合作伙伴、用户之间的深度互联，提升生产效率与服务水平提供多维度的支持。

在智能制造的浪潮下，企业特别是制造业企业必须紧跟趋势，积极探索相关技术、理念与业务流程、组织管理的深度融合，提升自身的核心竞争力。

本书分为上、中、下三篇。

上篇从智能制造的现状出发，明确其显著优势和发展动向，分析技术创新中逐渐形成的智能制造产业生态，为企业智能化转型提供一定的方向指引与战略规划指导。

中篇聚焦智能制造依托的底层核心技术，包括数字孪生、AI、大数据、物联网以及云计算。其中，数字孪生技术是智能制造的创新引擎，为其重要载体——智能工厂的建立与优化提供有力的技术支持。AI技术的日新月异为智能制造打通多样化的发展路径，推动新业态、新模式不断涌现。

大数据、物联网、云计算等技术经过多年发展，沉淀了丰富的成果与落地经验，为智能制造提供核心保障。它们深入生产、仓储、物流等多个环节，不仅提升了企业业务运营效率，更为企业生态合作体系的建设提供重要的平台。

下篇聚焦智能制造的应用场景，包括管理、生产、物流、营销和服务，详细讲述了企业在不同业务场景、环节布局智能制造的具体路径，引入诸多国内外企业案例，提升读者对智能制造的整体认知度。企业能够以此篇为指导，优化组织与业务，推动智能制造战略平稳落地。

本书兼具丰富的理论与翔实的案例，能够帮助读者理解智能制造发展中的重难点，并掌握实用的方法和技巧，为企业智能化转型提供助力。企业管理者需要明白，智能制造是大势所趋，是一个由大胆试错走向成熟的过程。企业不应操之过急、盲目转型，而应根据实际情况整合自身优势资源，以平稳渡过转型期。

作　者
2025 年 1 月

目 录

上篇 智能制造开启工业智变新篇章

第1章 智能制造：制造业发展新方向

1.1 数字经济时代，智能制造成为大趋势 3
1.2 从制造到智造，优势明显 6
1.3 多种新动向，驱动智能制造创新发展 14

第2章 产业生态：生态体系日趋完善

2.1 产业链解构：多层体系协同发展 21
2.2 投资者入局：智能制造成为风口 27
2.3 企业入局，探索智能制造新商机 31

第3章 转型规划：智能化转型大势所趋

3.1 智造转型准备：打好智能化转型基础 36
3.2 抓住驱动转型的关键点 42
3.3 数据驱动：以数据指导转型 45

中篇　数字技术赋能制造升级

第4章　数字孪生：智能制造的创新引擎

　　4.1　数字孪生应用总览 53
　　4.2　数字孪生融入制造多环节 58
　　4.3　多场景落地，提供智能化解决方案 63

第5章　AI：深化制造智能化升级

　　5.1　AI带来制造新机会 67
　　5.2　多维度助力智能制造 71
　　5.3　AI激发智能制造新业态 78

第6章　大数据：数据驱动实现智能生产

　　6.1　工业大数据助力智能制造 83
　　6.2　搭建大数据平台，挖掘数据价值 87
　　6.3　数据治理：规避数据应用的安全问题 93

第7章　物联网：智能连接搭建智造基石

　　7.1　解析物联网 99
　　7.2　物联网落地制造，驱动制造变革 104
　　7.3　物联网新发展，拓展制造发展空间 108

第8章　云计算：制造上云带来跨越式发展

　　8.1　拆解云计算 113

8.2 云计算为智能制造提供多重支持 117
8.3 企业上云路径解析 122

下篇　智能制造多场景落地

第9章　智能管理：实现体系高效协同

9.1 供应链管理：打造高效集成的供应链 131
9.2 订单管理：实现高效的订单流转 138
9.3 资源管理：挖掘资源更大价值 142

第10章　智能生产：助力生产提质增效

10.1 产品设计：聚焦需求实现精准设计 145
10.2 产品生产：新技术打造新方案 148
10.3 产品优化：带来优质产品体验 153

第11章　智慧物流：重塑物流新生态

11.1 智慧物流的三大优势 158
11.2 先进技术融入物流，提升物流智慧性 162
11.3 企业布局智慧物流核心路径 166

第12章　智能营销：营销新模式更新体验

12.1 技术支持的营销新模式 170
12.2 布局智能营销的核心要点 175
12.3 智能营销持续优化 180

第13章 智慧服务：客户关系维护与强化

13.1 布局智慧服务两大要点 183
13.2 多样化的智慧服务探索实践 186
13.3 客户服务系统化升级 191

上篇
智能制造开启工业智变新篇章

第1章
智能制造：制造业发展新方向

作为新时代制造业的发展方向，智能制造为全球工业体系带来颠覆性变革。本章从现状出发，深入剖析智能制造的驱动因素、相较于传统制造模式的显著优势，以及多元化的发展方向，探索制造业转型升级的无限可能。

1.1 数字经济时代，智能制造成为大趋势

数字时代，工业互联网的蓬勃发展激活制造业数字化转型的动力。而数实融合的不断深化为制造业技术与商业模式的创新提供更多可能，促使智能制造进一步渗透传统制造业的各个环节，提升行业整体的数智化水平。

1.1.1 工业互联网驱动制造数智化发展

基于数字技术与制造业的融合发展，工业互联网成为促进制造业转型升级的重要载体。

从构成要素来看，工业互联网依托信息通信网络，实现人、机器、系统与数据等要素的有机结合。

从核心技术层面来看，工业互联网属于一种系统集成技术，通过深入挖

掘、利用工业流程中的各项数据，实现数据价值最大化，为企业决策、运营提供更为科学有力的依据。

从应用层面来看，基于数据汇聚、信息交互等功能，工业互联网深入各行各业、服务于产品交易已成为必然趋势。其将会成为企业生态的核心资产，为企业特别是制造业企业的数字化、智能化转型提供重要驱动力。

首先，《制造业人才发展规划指南》表明，到2025年，我国制造业十大重点领域的人才缺口将接近3 000万人。劳动力成本持续上升使企业对人力替代的需求更为强烈，而工业互联网等技术替代劳动力的经济性将不断提升，为企业节约人力成本、实现数智化转型带来更多可能。同时，也必须重视劳动力就业，需要积极探索。

其次，产业分工不断深化催生平台型企业，其提供的服务能够助力生产型企业提升轻资产运营水平，进而专注于生产的核心环节。由平台型企业发展而来的产业链协同企业群体，是生产型企业转型升级、提升核心竞争力的关键驱动力。

而工业互联网为该企业群体的协同提供有效的工具/模式。工业互联网能够高效利用平台型企业掌握的重资产，进而降低搭载在其上的生产型企业的固定成本，提高平台运营效率与企业群体竞争力，助力生产型企业加速数智化转型。

最后，工业互联网日新月异，为传统的研发、生产、运营与决策方式带来颠覆性变革，进而改变技术发展路径和生产资料分配格局。而商业模式与产业链生态也会受到一系列影响，包括人才协同效率提升、产业格局重构甚至区域经济重新洗牌。面对这样的趋势，制造业企业不得不重视数智化转型，积极寻找适合自身的"换道超车"的路径。

工业互联网是制造业企业实现智能化发展的制胜先机。其融合多种技术、应用，形成了网络化协同、个性化定制、数字化管理等多种新应用模式，为工业场景各环节的互联互通、智能管理提供平台与工具，是制造业企业降本增效的重要依托，为其实现数字化、智能化转型提供重要保障。

1.1.2 数实融合深化，带来智能制造新生机

作为现代化发展的核心驱动力，数字经济呈现出明显的数实融合趋势，即各种数字化要素与实体经济中非数字化部分不断融合。这为智能制造的发展带来更多可能。

1. 技术赋能与创新

数实融合最为直观的特性就是人工智能（artificial intelligence，AI）、5G、云计算、数据、数字人才等数字化要素与实体经济的紧密结合。这为智能制造的发展提供了强大的技术支持，在提升生产效率与产品质量的同时，推动生产方式发生根本性变革。例如，南京钢铁集团的"JIT+C2M"智能工厂运用 AI、5G 等技术不断提升精益管理水平。该工厂实现了生产全过程无人化，只需少量管理人员负责工厂管理工作。

数实融合的不断深化，使交叉创新、集成创新等科技创新模式成为主流，加快科技成果的产业化速度，为智能制造提供了更多的技术路径和创新模式。

2. 产业转型升级

数实融合使各行业以产业数字化为共同目标，致力于提高产业的整体质量和发展水平。在此基础上，各种新产业、新业态不断涌现，例如，江苏苏州拥有六家"灯塔工厂"，四川乐山形成核技术应用、绿色化工、晶硅光伏等多种特色优势产业集群。此外，远程运维、预测性维护、共享制造等多种新业态持续发展，为智能制造提供更多发展路径。

3. 生态体系构建

作为数实融合的重要载体，工业互联网平台汇聚产业链上下游资源，构建开放、共享、协同的智能制造生态体系。例如，海尔卡奥斯、树根互联、格创东智等工业互联网平台助力制造业企业实现数智化转型升级，推动产业链、供应链和价值链的重塑和优化，提升整个产业的竞争力和创新能力。

此外，数实融合促进了不同行业、领域之间的跨界融合。通过共享数据、技术及其他资源，不同行业、领域得以协同创新，为智能制造领域带来更多合作模式与商业机会，进一步推动了智能制造生态体系的发展与繁荣。

1.2　从制造到智造，优势明显

对于传统制造业企业而言，智能制造为其业务流程优化与市场拓展提供了极大的助力。在智能制造模式下，企业能够实现科学的生产管理，提高柔性生产水平，建立端到端集成的业务流程，确保数智化转型稳步进行。

1.2.1　科学化管理：数智化系统助力生产提效

智能制造的一项重要优势是科学的生产管理。这一优势依托于高度集成的数智化生产管理系统，为企业生产运营带来全方位的助力。

1. 实时采集、分析生产数据

数智化生产管理系统能够实时采集生产线上的多维度数据，如生产进度、设备状态、产品质量等。通过深入分析这些数据，企业能够及时识别生产过程中的潜在问题，并有针对性地调整生产计划，从而减少生产损失。此外，精确的数据分析有助于提高产品精度，降低不良品率，进而提升产品线的整体质量。

2. 自动化生产线高效运转

数智化生产管理系统具备鲜明的自动化特性，为企业生产线的高效运转提供极大的帮助。

首先，该系统引入自动化生产设备和机器人，用以完成许多重复性工作，这既加快了工作进度、解放人力，又避免了许多人为错误，提高生产效率。

其次，自动化运行有助于提升生产线的稳定性。数智化生产管理系统能够对生产线运行状态进行实时监测，及时发现、排查并修复设备故障，减少生产线停机时间。同时，该系统会对生产线进行定期检查，对线上设备进行预防性维护，延长其使用寿命。

再次，自动化运行有助于建立灵活、可配置的生产线。企业只需要进行简单的参数设置或调整程序，生产线就能根据不同的需求生产产品，不必像过去一样，根据不同产品对生产线进行复杂的改装。

最后，自动化运行有助于提升生产线安全性。该系统搭载智能算法，与安全传感器互联互通，可以实时监测生产线的安全状态，既能保障员工的人身安全，还能最大限度地避免安全事故，降低损失。

3. 优化供应链管理

该系统将企业与供应商、分销商、物流企业等合作伙伴连接起来，实现信息共享。这使企业能够及时掌握供应链变动情况，避免因原材料短缺或过剩而出现生产延误、库存积压等情况。同时，通过对供应链运行状态进行实时监测，该系统能够及时发现链上风险、处理异常情况，提高供应链韧性。

4. 优化资源配置

该系统能够整合企业内部各种资源，包括生产设备、人力资源、原材料等，帮助企业管理层及时了解资源存量与分布情况，进而优化资源配置，避免重复投入。同时，该系统配备实时通信功能和信息共享平台，确保企业内部各部门及时了解彼此的工作进展与需求，通过有效、及时的沟通解决现有问题、促进产品创新，提升各部门的运行效率。

综上所述，作为智能制造赋能企业的工具之一，数智化生产管理系统为企业实现科学的生产管理提供多样化的技术支持，帮助企业提升运营效率，实现可持续发展。

1.2.2　高度灵活性：柔性生产快速响应需求

"柔性生产"的概念起源于1965年，指的是企业在复杂的市场环境下，根据市场需求的变化，运用精益生产、智能排产等技术和系统，快速调整生产计划，实现小批量、多品种快速生产的模式。

柔性生产是当前制造业发展的一大趋势，不少企业已建立柔性生产线，以适应多样化的产品类型与生产需求，实现高效生产。随着智能制造的不断发展，柔性生产的灵活性更强，在生产、调度、品控、物流等方面实现了不同程度的优化。

首先，智能制造依托智能化生产设备，如搭载机器视觉技术的机器人、智能化数控机床等，能够以生产需求为依据自动调整工作参数，实现小批量、高质量生产。

其次，柔性生产需要企业跟上市场需求的变化，及时调整生产计划。智能制造催生的智能化生产调度系统能够通过数据分析、模拟仿真等技术，合理分配生产任务，优化排程。同时，该系统会根据设备的运行状态，结合生产进度，为管理层调整生产计划提供决策支持，以避免或有效应对生产进程中的突发情况，提高生产线响应速度。

再次，柔性生产对产品质量的要求更加严格，而智能品控系统能够为产品的高质量与一致性提供帮助。该系统搭载机器视觉、数据分析等技术，并结合传感器对生产流程进行实时监测，及时发现并纠正生产问题。同时，该系统会自动收集产品质量数据，为企业优化质量管理提供数据支持，实现动态化、精细化品控。

最后，柔性生产离不开高度智能的物流支持。智能化物流系统与自动化设备、传感器以及智能机器人相连，能够自动搬运、存储物料并对其进行分类。此外，智能仓储系统集成物联网、云计算等技术，对产品库存进行实时监控，根据订单需求安排物料配送，以更加灵活高效的物流管理赋能柔性生产。

1.2.3　端到端集成：从设计到服务全链条集成

端到端集成是智能制造的核心之一。从狭义上来看，端到端集成即实现企业资源计划（enterprise resource planning，ERP）、设备端、生产执行系统（manufacturing execution system，MES）、仓储管理系统（warehouse management system，WMS）等多个系统的无缝衔接，使生产制造环节的关键点得以整合互联。

而从广义上来看，端到端集成涵盖整个产品生命周期的管理及服务，包括研发、生产、销售、物流、售后服务等多个环节，实现从用户需求到用户服务整条价值链的闭环，如图1.1所示。

对企业而言，广义的端到端集成强调"从用户中来，到用户中去"，即所有数据（需求、反馈等）来自用户，而企业通过研发、生产、服务等行为提供价值、满足用户需求。这种集成并非仅是技术层面的整合，还涉及领导者对企业整体战略的深入思考与规划，因此具有极高的难度与价值。

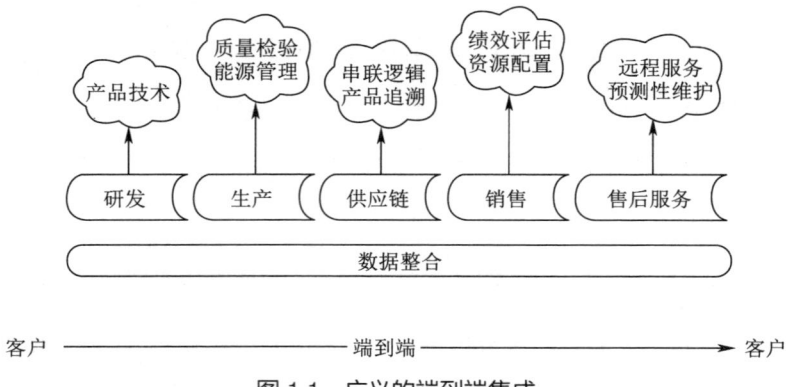

图 1.1　广义的端到端集成

具体来说，实现广义的端到端集成，说明企业在模型化与平台化建设、大数据分析以及数据闭环打造等方面有着较高的水平。

1. 模型化与平台化建设

实现端到端集成，意味着企业已经使用计算机辅助设计（computer aided design，CAD）、产品生命周期管理（product lifecycle management，PLM）、ERP 等系统，有能力向模型化、平台化方向发展。

模型化即通过数据模型，对整个产品制造过程进行设计规划、建模仿真与管理。这不仅包括对产品研发过程的模拟，还涉及基于产品需求变化的生产系统重组与运行仿真，能够帮助企业评估系统性能与可靠性。

平台化即建立统一的信息平台，将各个子系统的数据整合起来，实现 24 小时不间断的数据管理，确保采购、生产等各环节信息即时共享，并同步更新产品属性信息，降低企业管理成本，提高盈利能力。

2. 大数据分析

基于模型化与平台化建设，企业获得了海量的生产数据。而结合大数据、云计算、AI 等数字技术，企业能够对这些数据进行深入分析，并通过图形、报表、历史曲线等形式呈现设备综合效率（overall equipment effectiveness，OEE）、实际生产偏差、设备故障率等信息，为生产决策提供精确的数据支持。

3. 数据闭环打造

在智能制造趋势下，端到端集成的高级阶段就是形成数据闭环，以数据的持续迭代推动各环节不断改进，实现生产过程自治。在这一过程中，企业将实现更为精准的人力资源配置，如图 1.2 所示。

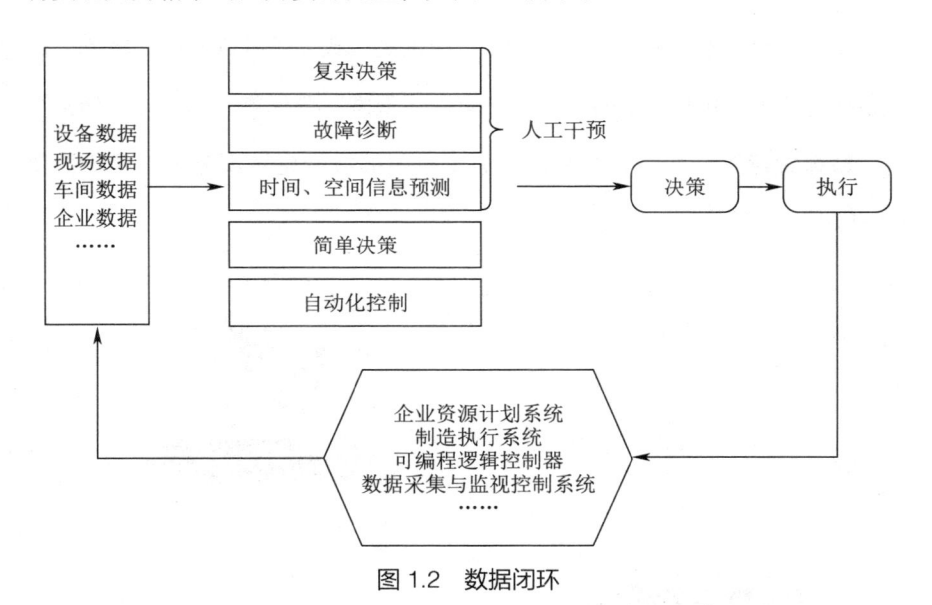

图 1.2 数据闭环

在设备层面，可编程逻辑控制器（programmable logic controller，PLC）、数据采集与监视控制（supervisory control and data acquisition，SCADA）等系统的简单决策，可以通过 MES 软件设定的规则自动完成。人力资源可集中到车间生产层面的 MES、高级计划与排程（advanced planning and scheduling，APS）以及企业层面的 ERP 等系统，优化数据规则并处理紧急情况。

数据分析与人工干预的有机结合，使数据闭环中各层级系统做出精准动作，提高业务流程的自动化、智能化水平。

在智能制造的大趋势下，AI、大数据、云计算等技术被广泛应用于端到端集成中，从而提高企业整体的运营效率，增强市场适应能力，提升用户满意度与整体竞争力。

1.2.4　徐工集团：打造完善的智能化转型方案

作为工程机械领域的代表性企业，徐工集团致力于推进智能化转型，撕掉贴在传统工程机械企业身上的"笨重""低端"等标签，从"大刀阔斧"向"精雕细琢"转变。具体来说，徐工集团的智能化转型分为三步，如图1.3 所示。

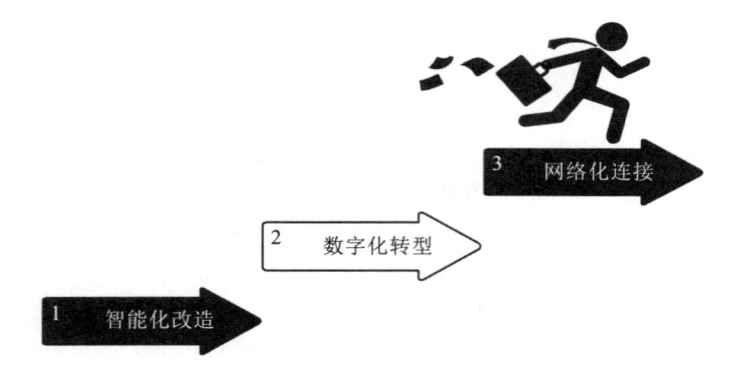

图 1.3　徐工集团智能化转型路径

1. 智能化改造

徐工集团的一项调研表明，近年来工程机械行业的集中度不断提升，区域竞争越发激烈，行业整体呈现明显的"强者恒强"态势，创新迭代成为龙头企业保持并扩大市场份额、带动行业持续发展的关键。因此，徐工集团首先要做的就是潜心研发设备，推动先进技术与集团业务深度融合，培育具有自身特色的新质生产力。

经过两年多两千多次结构试验，徐工的研发团队研发出 4 000 吨全地面起重机。研发团队增加了该机器的受力点与臂架刚度，克服了高空吊起与负重转场的挑战。在河北省景县的 200 兆瓦风电场项目，其能够依次吊起 120 吨的机舱、40 吨的轮毂以及 3 片 28 吨的扇叶，使它们与 162 米的塔筒精准对接。

2. 数字化转型

随着 5G、无人化生产、智能制造等技术渗透传统制造业，不少龙头企业积极进行数字化转型，以变革运营模式、实现降本增效。徐工集团在先进制造领域有着八十多年的沉淀，其以"构建数字工厂与智能工厂"为目标，为集团智能化转型筑牢底座。

徐工集团与华为合作，打造"徐工 F5G 全光工厂样板点"，一线员工能够利用高速率、高安全性的 F5G 内网，使用触摸屏查看图纸与任务详情。同时，徐工集团借助云计算、物联网、AI 等技术打造智慧园区，其内部网络维护节点减少 60%，实现高效率、低成本生产。

此外，徐工集团运用智能自动导向车（automated guided vehicle，AGV）转运技术、数字孪生机器人焊接技术、智能下料分拣技术等，提高零部件智能化生产能力，进一步降低人力成本。

3. 网络化连接

当前，工程机械行业的竞争已从传统单一的销售竞争演变为涵盖整个价值链和生命周期的竞争，用户对产品方案和商业模式的需求发生变化，服务化需求逐渐增多。因此，徐工集团需要不断拓展自身的服务范围、挖掘服务潜力，而打造网络化平台是实现这些目标的重要途径之一。

基于智能化改造、数字化转型，徐工集团耗时4年研发出汉云工业互联网平台。该平台运用大数据、智能分析等技术，串联人、设备、系统与整个工业体系，通过平台上的产业地图监控设备、预判风险，提高企业的生产运营能力。目前，该平台已和7万多家企业达成合作，连接大约150万台高价值设备。

依托"智改、数转、网联"的变革路径，徐工集团不断提升自身的研发能力、完善业务布局，向着高端化、智能化、服务化的方向迈进。

1.3 多种新动向，驱动智能制造创新发展

智能制造日新月异，为制造业企业的发展带来无限可能。一方面，智能制造与云制造的融合不断深化，通过构建灵活高效的资源共享体系，推动制造业智能化、服务化转型；另一方面，面向供应链企业的智能化平台日益普及，极大地增强了多企业间的协同作战能力，促进了产业链上下游的紧密联动与高效运作。此外，智能工厂正逐步渗透至各行各业，成为引领制造业发展、打造制造新阵地的关键力量。

1.3.1 云制造创新网络化制造发展模式

网络化制造旨在利用互联网平台，建立跨地区动态企业联盟，帮助各企业实现研发、生产、销售等资源的共享与配置优化，提升企业的快速反应能力与竞争实力。在联盟中，大型企业可以进行更为扁平化的组织架构设计，提高资源集聚效率，巩固行业地位；而中小型企业可以依托联盟关系与龙头

企业合作，使自身优势得以充分发挥。

云制造是在网络化制造发展过程中诞生的一种面向服务的新型制造模式。其以云计算为核心，利用大数据、物联网等技术建立资源共享平台。该平台整合产品研发、制造、销售等各环节的资源、信息和能力，以服务的形式提供给需求方，帮助需求方降低运营成本，提高快速反应能力。

云制造概念由我国工程院院士李伯虎及其团队于 2009 年提出，为制造业信息化发展提供一种崭新的模式。而智能制造与云制造的有机结合，能够为制造业数智化发展带来更多可能。

一方面，云制造以云计算平台为依托，具备较强的数据处理与分析能力。智能制造过程中必然产生大量的数据，企业可以将其存储在云端，借助大数据、AI 等技术进行高效处理，挖掘数据背后的价值，为预测市场趋势、调整生产策略提供有力支持。

另一方面，云制造的核心优势在于促进资源优化配置，而智能制造的推进与发展，离不开资源的精准、高效分配。企业可以根据自身需求，在资源共享平台上快速获取所需的制造资源，如生产设备、技术人才等，进而提高资源利用率和生产灵活性，满足市场对快速响应和高度定制化的需求。

通过资源共享平台，企业可以更容易地获取新技术、新工艺和新材料，推动智能制造技术创新与产业升级。同时，云制造还为企业提供了实验和测试的环境，降低了技术创新的成本和风险。

1.3.2　智能化平台实现上下游制造协同

在智能制造的大趋势下，制造业中的很多企业着手打造智慧供应链，通过搭建智能化平台加快供应链协同融合速度，提升生产效率与产品质量，增强产业集群的发展韧性。

以新能源汽车行业为例，其产品生产需要很多家供应链企业协同配合，如果用户提出个性化要求，生产流程则更为复杂。那么该如何实现上下游紧密协同、高效配合呢？智能电动汽车企业蔚来给出了答案。

蔚来自主研发的智能制造管理系统"天工"能够在 14 天内实现从个性化订单接收到整车下线的全流程高效运转。从供应链层面来看，该系统具备两大重要功能：一是预测未来 3 个月的产量，帮助下游经销商进行精确备货；二是根据用户订单，自动分解零部件需求，将相关信息分发给上游供应商。

在此基础上，供应链上下游企业得以实现高效配合。2024 年 1—6 月，蔚来新车交付量同比增长 60.2%，可见"天工"系统的强大。

在轨道交通装备领域，中车株洲电力机车有限公司（以下简称"株机厂"）打造了供应商交互平台，实现了所有零部件供应企业的信息共享。

通过该平台，株机可以及时了解各供应商的备货与交货进度。针对一般零部件，企业能够在该平台上随时查看出入库情况；针对重要零部件，该平台能追踪其在途运输轨迹，帮助企业实现精细化管理；针对关键零部件，该平台则实施全流程监测。

在打造该平台后，株机的齐套率（评估企业物料保障水平的核心指标）达到 93%，仓储成本大幅减少，沉淀资金显著增多。

随着智慧供应链的不断完善，更多来自离散制造行业的企业得以提升协同能力，最大限度避免延迟交付或产品受损等问题，增强供应链韧性，提升行业发展水平。

1.3.3 智能工厂兴起，打造制造新阵地

智能工厂是实现智能制造的载体，是基于数字化工厂，运用物联网、监控技术构建的集智能手段和系统于一体的高效、节能、舒适的人性化工厂，其总体框架如图 1.4 所示。

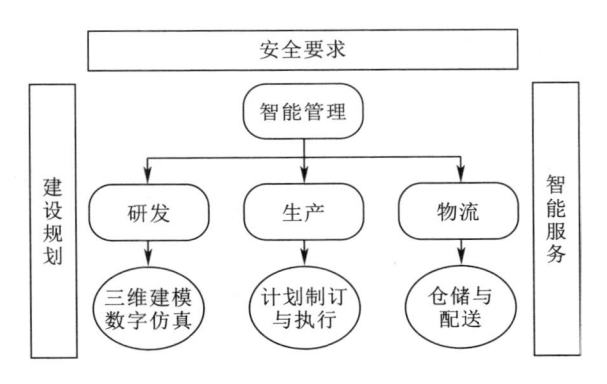

图 1.4 智能工厂总体框架

智能工厂以数字化、网络化、智能化为核心特征。通过建立资产数字模型，实现全生命周期的资产识别、交互、验证与维护。同时，智能工厂为数字化产品的开发与自动测试提供便利，避免因部门协调、用户需求或供应链变化等因素造成测试中断或延期。

智能工厂通过建立计算机网络、设备网络、生产网络以及物流网络等，确保数据在价值链上高效流转，实现现实世界与虚拟世界的无缝对接。此外，基于各种辅助设备的支持，智能工厂具备感知和存储外部信息的能力，能够自动监控生产流程，及时抓取并分析产品状态信息，实现"感知—决策—执行"的闭环。

基于智能工厂的核心特征，企业能够提高资产利用效率、优化品控流程、

降低运营成本，并增强一线员工工作的安全性，实现工厂的可持续发展。

从市场需求来看，2024 年，我国智能工厂的市场规模已突破 1.2 万亿元，预计未来几年将保持超过 10% 的年均增速。从行业渗透来看，智能工厂在 3C 电子、汽车以及金属冶炼行业的应用程度较高，行业渗透率分别达到 26%、20% 和 15%。

随着智能制造的不断发展，智能工厂呈现数据驱动、虚实融合、柔性敏捷的发展趋势。通过构建数据闭环，智能工厂能够实现生产过程的精准管控、智能决策、业态创新乃至价值网络的重构。数字孪生技术与智能工厂的融合不断深化，力求在虚拟空间中实现实时、高保真与高集成的物理实体刻画与映射，进而驱动现实生产过程。

柔性化制造将成为智能工厂的主流生产模式。通过产品模块化快速开发、柔性资源调度、自适应加工以及构建柔性供应链系统，智能工厂将实现个性化订单的高效生产与交付，满足多样化的市场需求。

1.3.4　小米智能工厂：以绿色智能助力汽车制造

2024 年 3 月，小米发布纯电动轿车 XIAOMI SU7，引起了广泛关注和讨论。在发布会上，雷军不仅介绍了 XIAOMI SU7 的优越性能，还将其背后的智能工厂——小米汽车工厂推进大众视野，展示小米在智能制造方面的持续投入。

小米汽车工厂位于北京经济技术开发区，占地面积为 71.8 万平方米。该工厂由研发试验基地、新能源车六大车间、2.5 千米测试跑道以及小米汽车工厂店组成。在生产制造过程中，小米汽车工厂充分展现出智能、绿色的双重属性，以实际行动践行可持续发展理念。

一方面，该工厂配备 700 多个机器人，在大压铸、车身连接、车身装配等关键环节实现 100% 自动化。其中，全栈自研的大压铸设备集群能控制 430 个工艺参数，实现全程自动化运转；涂装车间配备 75 个喷漆机器人，车身车间配备 100% 外覆盖件自动装配系统，装配精度达到 ±0.5 毫米。同时，物流自主移动机器人（autonomous mobile robot，AMR）以及视觉上件机器人等设备使工厂实现中大件物流上件、连接、装调的 100% 自动化。

在品控环节，小米汽车工厂引入了多种高精度自动化检测设备，并以 AI 大模型为基础研发 X-Eye 检测系统。其能够代替人眼进行检测，准确率超过 99.9%，能够确保每一辆 XIAOMI SU7 高效率、零缺陷交付。

另一方面，小米汽车工厂秉承可持续发展的核心理念，其充分认识到汽车制造特别是涂装环节所带来的废气、废水污染，如挥发性有机化合物（volatile organic compounds，VOCs），以及油类、金属盐类、高化学需氧量（chemical oxygen demand，COD）等废水。

针对 VOCs 等有害气体排放，小米从源头抓起。其使用的 80% 以上的原材料及辅助材料均为水性环保涂料，VOCs 含量为 10%～20%，远低于传统油性涂料的 VOCs 含量。空腔注蜡环节使用高固体分蜡，VOCs 含量不到传统溶剂蜡的 1/6。

在涂装工艺方面，小米也进行了大量技术革新，包括锆化处理工艺、槽液质量控制技术、逆流清洗技术、干式纸盒喷漆房、高循环比三室蓄热式氧化炉（regenerative thermal oxidizer，RTO）直燃处理技术等，最终实现废气处理效率 99%、废水零重金属排放的目标，并将 VOCs 排放量控制在北京市标准的 50% 以下。

小米汽车工厂以"环保绩效 A 级企业"的标准进行设计，考虑到生产各环节的水资源管理，设置四道工序处理厂内废水，达到 50% 的循环回厂用水比例。此外，小米与太阳能科技企业隆基绿能合作，在工厂屋顶建设 16.2 兆瓦分布式光伏电站，年均发电量约为 1 640 万千瓦时，不仅显著减少了工厂的碳排放量，还能长期为工厂生产提供可再生能源。

第 2 章
产业生态：生态体系日趋完善

数字技术的不断发展与政策的大力支持，促使智能制造产业体系日趋完善。广阔的发展前景吸引投资者纷纷入局，为有潜力的企业提供资源支持。同时，制造业企业积极探索智能制造商机，与来自不同行业的企业建立合作关系，共同推动产业链协同发展。

2.1 产业链解构：多层体系协同发展

智能制造产业链可划分为感知层、网络层、执行层和应用层四大层级。各层级企业协同合作，为智能制造产业的繁荣发展贡献力量。

2.1.1 感知层：提供各种感知设备

感知层也被称作基础层，是企业实现自动化、智能化控制的基础。该层级主要通过各类传感设备，采集外部世界的温度、湿度、压力、图像、声音等各种数据，是智能制造体系基础信息的重要来源。

感知层的核心技术包括传感、机器视觉和信息采集。传感技术能够感知气体、光线、人体等物理环境和物质，将其转化为数字信号并传输至中央处理器。最终，这些信号会以参数（气体浓度、光线强度等）的形式呈现出来。

　　机器视觉技术模拟人类视觉功能，通过采集、处理和分析图像信息，识别并解释外部世界的场景与物质。而信息采集技术能够对指定数据源进行非结构化信息的采集、抽取与处理，并将其保存到结构化数据库中，为各类信息系统提供数据支持。

　　感知层的设备包括各类传感器（温湿度传感器、压力传感器、气体传感器、激光雷达传感器等）、射频识别（radio frequency identification，RFID）标签和读写器、摄像头、激光扫描仪等。

　　具体到企业层面，霍尼韦尔在传感器种类、覆盖面上均处于行业领先地位，其四大核心传感器产品为压力传感器、磁传感器、气体传感器和惯性传感器。海康威视的智能安防摄像头搭载多种智能分析算法，可广泛应用于智能制造场景下的视频监控和智能分析。思科信息专注于研发RFID智能终端设备，产品涵盖图书类、档案类、仓储类、智能柜子等多个品类。

　　ZEBRA（斑马）的CV60机器视觉相机具备感兴趣区域（region of interest，ROI）、图像翻转、缺陷补偿、阴影校正以及智能化自动亮度控制（automatic luminance control，ALC）等功能。同时，该产品具有极好的散热性、抗冲击与振动性能，适用于车间环境。

　　除此之外，诸如惠岚科技、北醒电子等企业深耕感知层技术创新与产品研发，为网络层、执行层、应用层企业提供有力支持。

2.1.2　网络层：建设智造网络基础设施

　　网络层是连接感知层和执行层的桥梁，通过先进的通信与网络技术，构建高效、安全的智能制造通信网络，实现设备间、系统间及其与数据中心间的互联互通。该层级能够确保工业信息及时、准确、安全地传输至各企业，为智能制造系统的协同奠定坚实的基础。

该层级集合了当下较为先进的数字技术，包括5G、云计算、大数据、AI等，进而衍生出5G工业模组、云计算平台、大数据平台、工业互联网平台、AI大模型等多种产品。

5G工业模组是专为工业环境设计的无线通信模块，搭载低延迟的5G网络，为执行层设备提供高速且稳定的无线连接，支持企业进行远程控制与数据传输，能够提高生产效率。例如，华为的5G工业模组MH5000-31采用华为自主研发的巴龙5000芯片，兼容2G、3G、4G网络，上行速率达到230 Mbit/s，下行速率达到2 Gbit/s。该模组适用于 –40～85℃的工作环境，满足企业高带宽、安全的要求。

云计算平台提供计算、存储及网络资源的获取与使用服务，并具备较强的数据处理与分析能力，能够为应用层企业的战略决策提供支持，同时能够降低企业的IT运维难度与成本。

例如，阿里云的弹性计算服务（elastic compute service，ECS）和对象存储服务（object storage service，OSS）。ECS提供虚拟服务器资源，支持多种编程语言及操作系统，用户可自由调整服务器配置，在云上使用各种应用程序。而OSS具备数据检索及管理功能，提供多种应用程序编程接口（application programming interface，API）和软件开发工具包（software development kit，SDK），用户能够使用多种编程语言访问并处理数据。

大数据平台可以收集、存储和处理海量的工业数据，挖掘其价值，为应用层企业提供实时的数据分析和预测支持，协助其优化生产流程、维护相关设备。例如，Hadoop（哈杜普）、Spark（阿帕奇）等开源大数据处理框架以及阿里云等云服务商提供的大数据解决方案，都能为应用层企业提供相关技术与产品。

工业互联网平台与执行层的各种设备、系统互联互通，实现数据共享，为应用层提供丰富的工业数据，推动制造业企业的数智化转型。例如，海尔卡奥斯、树根互联的根云等平台都能为企业提供设备管理、数据分析、应用开发等服务。

AI方面，谷歌、百度、九章云极、商汤科技、科大讯飞等企业能够为应用层提供AI算法、模型与工具，协助企业开发与部署AI应用，强化其市场洞察与科学决策的能力，提升其智能化水平。

2.1.3 执行层：实现智能生产和物流

执行层是智能制造体系的具体实施层级，负责将网络层的决策和指令转化为实际的生产操作。该层级涵盖了智能制造中的各类终端设备和系统，是实现智能制造目标的关键所在。该层级的代表性产品包括机器人、数控机床、智能物流装备、增材制造装备、激光加工装备、工业控制装备等。

在智能制造领域，机器人通常是指多关节机械手臂或其他高自由度的机器装置。其依靠动力能源和控制能力自动执行工作，完成搬运、焊接、装配等多种生产任务。机器人的优势在于，其能够24小时不间断工作，操作精度更高，可以代替人类从事危险系数较高的工作。这在提升生产效率的同时，还能确保产品质量稳定，并保障一线员工的安全。

作为享誉全球的机器人制造企业，发那科推出了多种型号的工业机器人产品。用户可在发那科官网的"机器人产品/产品选型"模块，通过设定负载、可达半径、轴数等参数来选择产品型号。其明星产品 CRX-10iA 小型协作机器人，如图 2.1 所示，最大负载能力为 10 千克，可达半径 1 249 毫米，最高运动速度可达 1 000 毫米/秒，适用于小型部件的搬运与装配工作。

数控机床是一种搭载程序控制系统的自动化设备。其负责处理包含控制编码或其他符号指令的程序，将其解码，再将相关信息输入数控装置，进而控制机床的动作。数控机床在提升加工精度与效率上发挥着重要的作用，其能够完成高精度、复杂形状的零件加工，并可以通过人为更改数控程序加工不同型号的零件，具有极高的灵活度。

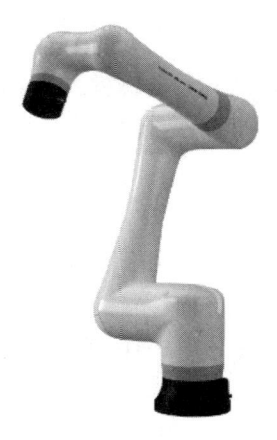

图 2.1　发那科 CRX-10iA 小型协作机器人

马扎克是机床制造领域的代表性企业。2024 年，马扎克在 MTF2024 制造未来展示会上发布 VCN-460 L、VCN-600 L 以及 DT-200 L 双主轴双刀塔设备等一系列创新产品。这些产品展现出马扎克在提升机床精度、效率以及扩大应用范围等方面的卓越能力。

智能物流装备是通过物联网、AI、大数据等技术，对物流作业进行实时监控、数据分析与智能调度的设备。其能够实现商品的自动搬运、分拣和仓储管理，优化配送路径并精准定位，提升物流作业的自动化、智能化水平和效率。

例如，京东物流研发的天狼智能仓储系统能够帮助物流企业提升仓库存储能力与货物出入库效率，减少仓库占地面积和人力资源消耗。

该系统包含硬件、软件两大部分。在硬件方面，该系统配备穿梭车、提升机和工作站。穿梭车采用超薄车身，负责水平搬运工作，行走速度达到

4米/秒。提升机配备20米超高立柱，负责垂直搬运工作，升降速度达到5米/秒。工作站具备拣货、盘点、自动供箱等多项功能，供箱效率达到600箱/时。

在软件方面，该系统依托京东自主研发的WMS、仓库控制系统（warehouse control system，WCS）以及3D SCADA系统组成智能调度系统，结合5G网络快速下达任务，提升硬件设备的拣货效率和仓库存储密度。

2.1.4　应用层：覆盖丰富制造场景

应用层主要聚焦智能制造技术和系统在实际生产过程中的具体应用，致力于输出智能制造解决方案。该层级以智能车间和智能工厂为主要载体，广泛应用于汽车制造、3C电子、智能家居、医药制造等领域。

智能车间和智能工厂的区别主要体现在以下三个方面：

（1）关注范围不同。智能车间聚焦于生产过程的智能化升级，而智能工厂则关注生产、管理、服务等多个环节的数智化运转，确保数据互联互通。

（2）目标与功能不同。智能车间以实现生产过程的降本增效、提升产品质量为目的，做好生产全流程的实时监控与调度优化，及时排查设备故障并做好定期维护工作。智能工厂以提高企业的整体竞争力为最终目标，因此要做好生产各环节的协同与优化工作。

（3）应用的技术不同。智能车间主要依赖物联网、机器人、传感等技术，智能工厂则要用到AI、云计算、大数据等更为复杂的数字技术。

具体到应用层面，以智能家居为例，海尔旗下的智慧家庭场景品牌"三翼鸟"在全屋智能方面表现优异。其打造的智能家居生态以海尔智家大脑为核心，实现全屋设备的自动控制与互联互通，例如，厨房电器与门锁的联动、浴室设备与洗衣机的互通等。值得一提的是，智家大脑搭载垂直家庭大模型

HomeGPT,以强大的语义理解能力感知家庭环境、明确用户需求,进而准确识别与执行用户的语音指令,打造智能化生活环境。

相较于汽车制造、冶金、石油化工等领域,医药制造领域的智能化转型有着更大的进步空间。江苏龙凤堂中药有限公司(以下简称"龙凤堂")紧跟智能制造趋势,引入机器人及其他自动化设备,提升生产车间的智能化水平。目前,药材的识别、移动、投放、提取、浓缩、分离等工作都由各种自动化设备完成。在车间的中央控制区,工作人员负责实时监控生产线上的关键参数,从而提升中药生产效率,确保药品质量稳定。

综上所述,应用层是智能制造造福社会的生动实践。众多企业积极探索,不断提升生产效率、降低成本,以多样化、高质量的产品满足市场需求,为社会的繁荣发展贡献力量。

2.2 投资者入局:智能制造成为风口

智能制造已成为驱动制造业发展的主要动力,工业软件、智能传感器、智能机器人等细分领域显现出巨大的发展潜能,吸引众多投资者入局。

2.2.1 多重发力点,投资者瞄准智能制造

目前,在智能制造领域,投资者比较关注高端装备、设备零部件、新材料、工业软件四条赛道。

1. 高端装备领域

在高端装备领域,投资者普遍关注机器人产业,认为这是顺应中国式现代化发展的新质生产力。在投资标准上,投资者关注三点:

（1）企业的软硬件结合能力。因为机器人的软硬件无法分离，只擅长单一技术不利于企业参与市场竞争。

（2）低成本、大批量制造的能力。这一能力会筛掉不少初创企业。

（3）构建大模型的能力。大模型是通用机器人的"大脑"，投资者更倾向于选择那些具备大模型开发能力的企业。

同时，投资者也比较关注机器人的一些重要零部件。这关系到机器人能否向着类人化方向发展，变得更加智能、可交互。因此，投资者会选择重要性、成本较高的核心零部件，投入一定资源，协助创业团队工作。

2. 设备零部件领域

在设备零部件领域，投资者比较关注企业的跨界能力。

（1）横向产品化能力——从 A 产品到 B 产品，再到 C 产品。

（2）跨行业能力，比较典型的是一些工业相机的生产商，其能够利用一些消费电子产品（镜头、传感器芯片等）制造工业相机，成本能降低 50%。

（3）纵向一体化能力，即整合产业链上下游企业，扩大市场空间的能力。同时，投资者也关注企业是否有出海的规划，他们更倾向于投资拥有国际化能力的企业。

3. 新材料领域

在新材料领域，投资者关注两个方面，企业的化工"基本盘"和平台型能力。

企业的化工"基本盘"，即具备高壁垒、"卡脖子"的技术，进而生产高附加值的产品；平台型能力，例如，适用于半导体行业的新材料也能扩展至泛半导体行业。

4. 工业软件领域

在工业软件领域，针对不同阶段的项目，投资者有着不同的标准。针对早期项目，投资者关注企业的前瞻力以及种子用户资源。换句话说，就是企业能否根据国情、产业特点以及种子用户需求，生产出相应的产品，解决用户的痛点。

针对成长期项目，投资者主要根据当下急需的重要软件产品品类进行筛选。同时，投资者会格外关注企业是否长年深耕某一领域，更倾向于选择有着坚定的发展方向的企业，希望与其共同成长。

智能制造领域的投资逻辑可总结为三点：一是行业维度，主要看产业的发展趋势，这是极为重要的宏观维度；二是创业团队维度，团队中既要有具备工程化能力的专精人才，又要有具备行业洞察能力的"老兵"；三是企业维度，包括企业的技术迭代能力、底层技术的延展能力、产品的商业化增长预期、与下游客户的绑定程度以及渠道拓展能力等。

2.2.2　潜力企业斩获巨额融资

睿兽分析的调研数据显示，2023 年我国智能制造行业融资事件共计 1 724 个，融资总额超过 1 300 亿元。这充分展现了智能制造领域的巨大发展潜力。在众多企业中，不少名不见经传的潜力企业受到投资者青睐，斩获巨额融资。

苏州凯尔博科技股份有限公司（以下简称"凯尔博"）在 2023 年 3 月进行了首轮融资，获得了吴中金控集团、鼎旭投资、恒信华业三家投资机构的支持，小米则在其 5 月的第二轮融资中入局，成为该企业的第二大股东。仅 2023 年一年，凯尔博就完成了 A 轮和 A+ 轮融资，于 2024 年进入上市辅导阶段。

凯尔博之所以能在如此短的时间内冲击上市，与苏州吴中区的产业环境以及其 18 年来的技术研发与业务拓展密切相关。从产业环境来看，智能制造是吴中区的主导产业之一，聚集了超过 1 000 家相关企业，产业规模超过 1 300 亿元。同时，吴中区还搭建了服务商供需对接平台，拓展智能制造应用场景，整合大量科研资源，通过科创平台汇聚大量的优质人才与企业。凯尔博就是在这样的环境中发展起来的。

而从凯尔博内部来看，作为非金属焊接设备研发与生产企业的创始人，康继飞在品牌创立伊始就坚持自主研发，把技术握在自己手中，拒绝从国外买技术"套壳"经营。凯尔博获得"国家级专精特新'小巨人'企业"的荣誉称号，其研发的空调毛细管焊接设备获得国家发明专利，同步激光焊接技术更是打破了国外垄断。

在业务方面，凯尔博与奔驰、奥迪、比亚迪等知名汽车品牌建立长期合作伙伴关系；产品远销欧美、南非等 20 多个国家和地区，涉足行业包括但不限于塑胶、环保、医疗器械、无纺布、玩具等。这足可见其强大的出海能力与跨界能力。

18 年的技术创新与产品研发，使凯尔博一经亮相就受到资本的青睐。其强大的创新能力与业务拓展能力吸引众多投资机构争相入局，为其扩充产能、开拓海外市场和上市提供充足的资金支持。此外，凯尔博 90% 以上的业务来自汽车产业，而该产业智能化、轻量化的发展趋势会对非金属焊接产生更多的需求，巨大的商业空间也是投资机构愿意支持凯尔博的一个重要原因。

2.3 企业入局，探索智能制造新商机

对不少企业而言，智能制造为其业务拓展和市场扩张带来更多机会。一方面，部分企业利用自身深厚的技术沉淀与商业经验，为亟须转型的企业提供智能制造解决方案；另一方面，制造业企业积极探索新型业务模式，为自身及供应链、产业链发展注入全新动力。

2.3.1 提供解决方案，助力智能制造

智能制造发展得如火如荼，但是不少企业仍被落后的制造工艺、管理效率低下所困扰。

在这样的背景下，智能制造解决方案成为企业提升竞争力的关键。这些解决方案整合了产品生命周期管理、虚拟制造等先进理念和实用系统，致力于提高企业的生产效率和管理水平。

根据智能制造研究院（e-works Research）在2023年对我国100家提供智能制造解决方案的上市企业的分析，从业务布局来看，50%企业的解决方案以提供智能装备和生产线集成服务为主，23%的企业提供企业级应用软件及相关服务，9%的企业提供工业控制系统及相关产品。

从应用行业来看，机械设备和电子两个行业是上榜企业的"主战场"，汇川技术、华大九天、长川科技等企业在这些领域有所建树。同时，新能源、医药、汽车、零部件行业也备受企业重视。

值得注意的是，不少企业正在优化面向细分行业的解决方案。例如，在智能装备方面，由于智能制造的深入发展带来难度更高的问题，部分企业逐渐加快智能装备的自主化、集成化进度，使不同专业、技术交叉，形成合力

以解决问题。在工业软件方面，不少企业向云服务商转型，推出软件即服务（software as a service，SaaS）、平台即服务（platform as a service，PaaS）等产品，或推出软件订阅模式，协助企业优化组织管理并提升产品创新能力。

以腾讯云和玲珑轮胎的合作为例，作为一家技术型轮胎生产企业，玲珑轮胎的零售业务呈爆发式增长态势。为此，该企业急需一种强有力的产品或技术来增强用户黏性、提升品牌认知度。

针对玲珑轮胎的需求，腾讯云为其提供的解决方案分为以下三步：

（1）搭建智慧营销云平台，实现用户、产品、合作伙伴的互联互通以及企业与用户的零距离互动营销，推动玲珑轮胎从制造型企业向服务型企业转型。

（2）运用智能化工具，并安排营销运营专家指导门店业务，协助门店员工做好门店进货、销售、库存等基础工作以及用户和在线商店运营，并将潜在用户与合格线索同步给门店，实现引流。

（3）以腾讯云营销数据中台为基础，综合运用小程序与企业微信，收集用户行为数据并绘制用户画像，做好用户身份的统一管理。同时，搭建包含用户数据与标签管理、推荐系统、社群营销、会员管理等模块的精准营销矩阵，实现精细化用户运营。

利用腾讯云提供的定制化解决方案及相关产品，玲珑轮胎得以在工业数字化与智能营销方面进行深入探索，并稳步向智能制造转型。

2.3.2 布局新业务模式，探索制造新场景

国内企业经过多年的摸索，逐渐形成了多种可落地的智能制造业务模式。

1. 大规模、个性化定制模式

该模式基于产品结构与零部件的通用性和相似性，利用标准化方法降低

产品的内部多样性，增加用户能感知到的外部多样性；通过重组产品结构与生产流程，实现部分零部件的批量生产，进而为用户提供高质量、低成本的定制化产品。

2. 远程运维服务模式

该模式以工业互联网为技术支撑，提供智能生产解决方案。一方面，对工厂设备进行实时监控，确保生产数据的实时传输，实现工厂员工与技术资源的完美协作；另一方面，做好预见性设备维护与维修，减少停机时间，延长机器寿命，提高生产效率。

3. 网络协同制造模式

该模式旨在实现企业内部各部门/系统、各工厂、供应链上下游伙伴乃至跨供应链的协同合作。产品设计、制造、营销等信息在各主体之间高效流转，从而使各主体以并行工作的方式充分利用资源，缩短生产周期，及时响应用户需求，提高用户满意度。

4. 能源优化管理模式

该模式多见于建筑行业，通过分层分布式能源管理系统对水、电力、燃气等能源数据进行采集与分析，明确建筑能耗情况，实现节能应用。该模式以能源计划、能源监控、重点能耗设备管理等形式，使企业对能源成本占比及发展趋势建立清晰的认知，并将节能任务科学分配至各个生产车间，能够推动企业实现可持续发展。

5. 社会化协同制造模式

该模式以云平台为载体，旨在帮助个体工商户、小微企业、中型企业、政府以及产业链解决问题、创造价值。

面向个体工商户与小微企业，该模式为其拓展资源获取与宣传渠道，为其寻找专业的配套指导及相应服务。面向中型企业，该模式协助其扩大品牌效应，获取所需产品或服务，实现降本增效。面向政府，该模式协助搭建区域工业服务体系，整合工业数据，为行政决策与管理提供支持。面向产业链，该模式协助各企业整合产业资源，提升资源配置的合理性与资源利用率，形成标准化、智能化的产业服务体系。

综上所述，智能制造的不断发展促使企业积极探索多样化的业务模式，创新制造场景和供应链、产业链上的企业深度合作，赋能多行业发展。

2.3.3 海尔智家：探索绿色环保的智能制造

2024年5月，《财富》（中文版）发布"2024年中国ESG影响力榜"，海尔智家再次上榜，并已连续三年位居榜首。而明晟（美国一家权威的指数编制企业）也将海尔智家的环境、社会、公司治理（environmental、social、governance，ESG）等级提升至业内最高的A级，足见海尔在绿色环保领域的领先地位。

在战略层面，海尔智家积极响应"双碳"政策，实施"6-Green"战略，如图2.2所示，使低碳环保理念渗透产品全生命周期。

在产品层面，海尔智家的博观冰箱采用FD-PLUS变频技术，产品节能15%；云溪洗烘套装采用直驱洁净与双擎热泵技术，其"精华洗"功能省水38%、省电29%；洗空气空调采用APF5.62可变分流技术，相较于同匹数产品，其三级能效省电35%；KLN系列热水器采用3S超一级能效技术，每年可节省136立方米的天然气。此外，诸如卡萨帝艺术电视、小海豚A500Pro洗地机等产品均在节能环保方面有着优异表现。

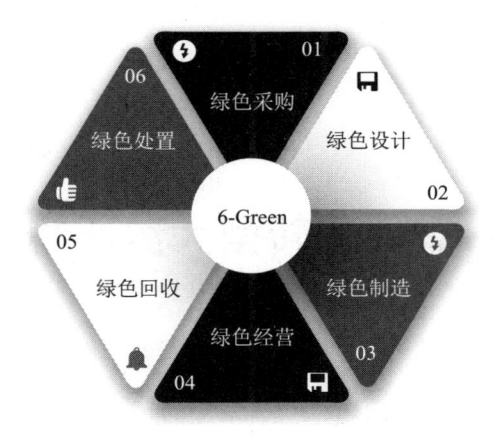

图 2.2 海尔智家"6-Green"战略

在制造流程方面，海尔已建立了 9 座灯塔工厂，全年二氧化碳减排高达 7.06 万吨。同时，海尔依托自身成熟的营销与服务网络，推出"五网融合"回收模式，即整合营销、服务、物流、回收以及渠道五大网络，实现全国范围内的废旧家电回收。用户可通过海尔智家 App 或"海鲸绿色回收"小程序，提交家电回收或以旧换新申请，系统会在评估后 48 小时内安排服务人员上门回收。

值得一提的是，海尔是我国首个建设家电再循环互联工厂的企业。在位于青岛莱西的再循环互联工厂中，回收的废旧家电经过清洗、分选、造粒等多道程序，产出可循环利用的新材料，纯度超过 99%，物性衰减近乎为 0。该工厂每年可拆解 200 万台废旧家电，再生新材料高达 3 万吨，全年减排量约等于种植 155 万棵树。

由此可见，作为以家电生产起家的制造型企业，海尔积极探索低碳环保的新型制造技术与模式，以实际行动承担社会责任，致力于实现可持续发展。

第 3 章
转型规划：智能化转型大势所趋

智能制造时代，智能化转型是企业发展的必然趋势。然而，转型过程伴随着各种机遇和挑战，企业不能操之过急，需要为转型打好相应基础，抓住驱动转型的关键点，并以数据指导转型。

3.1 智造转型准备：打好智能化转型基础

智能化转型并非简单的技术引入，而是涉及企业经营思维、业务战略和管理模式的深刻变革，是需要从基础、根源寻求变革的一系列动作。转型过程中存在种种误区，企业应当事先了解，避免"踩雷"而影响正常运转。

3.1.1 思维转变：抓住智能制造新机遇

对企业而言，尤其是传统制造业企业，智能化转型的首要任务在于打破旧有思维的桎梏，实现战略视野拓展与经营理念转变。具体来说，企业树立以下四种意识，才能在智能制造时代抓住机遇，平稳转型。

1. 技术驱动

智能制造的发展与 AI、大数据等新一代数字技术紧密相关，企业领导者需要深入了解、持续跟踪新技术的发展趋势，及时更新、丰富对不同技术的认知。同时，领导者需要明确不同技术与现有业务模式的适配性，确保所选技术能够精准对接业务需求，驱动业务创新与升级。

各部门管理者需要了解员工对新技术的接受度，营造开放包容的技术学习氛围，确保新技术能够在企业内部顺畅流通并得到有效应用。

2. 以人为本

智能制造时代，企业要更重视智能化人才的培养与队伍建设。就目前来看，许多年轻就业者对进入制造业企业工作的意愿不高，而企业也没有科学的人才引进、培训与整合体系，导致从业人员的归属感较低。因此，即使制造业的工作环境与条件变好、技术含量提升、发展空间更大，企业还是难以建立具备复合能力的高素质技术型人才队伍。

为此，企业有必要与科研机构、职业院校、行业组织以及社会培训机构等主体建立联系，针对人才供需的精准对接、职业标准的实时更新进行深入沟通，同时加大对已有员工的数智技术培训力度，逐步建立起稳定的技术人才梯队。

3. 协同合作

智能制造涉及产品的研发、生产、营销、服务等多个环节，属于一种系统性工程。对企业而言，想要实现智能化转型，就必须具备与供应链、产业链企业协同合作的意识，并通过资源共享、信息互通优化供应链管理，提高其整体效率和灵活性。

4. 以创新求发展

智能制造促使新技术、新业态不断涌现，企业只有树立创新意识，才能跟上智能制造的发展速度，实现可持续发展。除了深耕技术研发、优化产品，企业还需关注内部创新机制与创新文化的建设，为员工提供一个良好的创新环境或平台，激发其创新潜力。

综上所述，智能制造既是技术的应用，更是思维与管理模式的改革。企业需要对技术、业务和组织人才有着清晰的认知，确保各方资源的合理配置与高效应用，从而抓住智能制造机遇，实现智能化转型。

3.1.2　战略梳理：明确目标 + 方案设计 + 推进实施

基于上述思维，企业需要制定科学的智能化转型战略，为各部门的工作提供统一且明确的宏观指导。为确保战略平稳落地，企业需要在目标设定、方案设计以及推进实施三个方面做好相应工作。

1. 目标设定

在目标设定阶段，企业应当明确自身的战略定位，设定清晰的业务目标并做好资源评估。

首先，企业需要明确智能化转型在整体战略中的重要性和作用，包括确定转型的紧迫性、期望达到的效果以及对企业长期发展的影响。

其次，企业需要为研发、生产、营销等部门设定量化的业务目标。一方面，企业需要评估现有的技术、人才、资金等资源，确定目标可行性与所需投入；另一方面，企业要运用政治、经济、社会、技术（political、economic、social、technological，PEST）分析法、优势、劣势、机会、威胁（strength、weakness、opportunity、threat，SWOT）分析法等工具，评估外部环境和竞争对手的情况，确保业务目标与市场需求相契合。

2. 方案设计

方案设计通常包含技术选型、系统整合、业务流程优化以及人才培养和引进等方面。首先，技术选型通常以企业的生产需求和业务目标为依据，选择 AI、大数据、物联网等合适的技术。需要注意的是，所选技术不仅要满足企业的实际需求，还应具有良好的可扩展性和兼容性。

其次，企业需要考虑如何实现不同系统和软件的有效集成，包括但不限于 MES、质量管理系统（ quality management system，QMS ）、供应链管理（ supply chain management，SCM ）系统等，确保相关数据的互联互通，以便企业进一步理解各部门需求，优化生产流程并提升产品质量。

再次，业务流程需结合智能化生产环境进行优化，企业需排查现有业务流程存在的问题，识别瓶颈和改进点，引入先进的管理方法与技术手段，提高管理水平。

最后，企业要制订并实施人才培养与引进计划，培育 AI 工程师、高级操作工程师、数据分析师等当下较为稀缺的高水平人才。同时，企业还要加强内部培训和外部合作，提升员工的智能化技术水平。

3. 推进实施

在战略落地阶段，企业可以先选择部分车间、生产线进行试点，为其制订详细的项目实施计划，包括时间表、任务分配、预算控制等。通过试点验证项目的可行性和效果，积累经验并调整方案。

同时，企业需要建立动态的战略规划机制。通过收集反馈、分析数据、优化系统等方式，不断调整智能化转型战略。

通过科学的目标设定与方案设计，并做好战略实施的监督与优化工作，企业能够找到一条适合自身发展的智能化转型道路，为转型升级打下良好的基础。

3.1.3 规避陷阱：避免陷入智能化转型误区

事实上，在智能化转型推进的过程中，很多企业会大失所望，认为智能制造带来的实际效果远不如预期。究其原因，很有可能是企业陷入了转型误区，如图3.1所示，导致转型偏离正确方向、事倍功半。

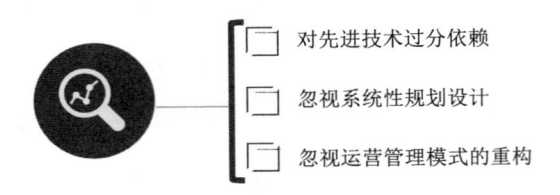

图 3.1 智能化转型误区

1. 对先进技术过分依赖

很多企业对智能化转型的认知存在误区，认为智能化转型就是机器换人，并需要引入大量先进的数字技术。这种认知导致企业领导者甚至是专业技术人员，把转型重心放在如何引进更多、更先进的技术与装备上，而忽视其与企业的适配性。同时，为学会使用先进的智能装备，企业通常需要外聘技术专家以获得指导，这就导致企业越发依赖外部技术力量，忽视对本企业智能化人才的培养。

想要规避这一误区，企业务必对行业背景、产品特点、制造流程、员工能力以及管理水平进行科学的分析评估，明确当下需要通过智能化转型解决的现实问题，以此为依据进行技术与装备选型。同时，人才培养需要与技术引进同步进行，确保员工理解智能化转型理念，掌握相关技术、工具的应用知识，并具备自我管理与主动提升的意识。

2. 忽视系统性规划设计

许多企业会将建设智能工厂作为智能化转型的重点工作。在建设过程中，企业往往会忽视工厂物料流与信息流系统的整体设计，导致工厂运行后出现自动化与信息化孤岛，进而对生产效率与产品质量造成不利影响。

具体来说，在物料流系统方面，企业容易忽视各生产车间、仓库、生产线以及设备之间物料的传输设计。例如，没有为AGV、悬挂链、滚筒线等装置留出位置，导致物流空间、路径不合理，无法实现物流自动化。

在信息流系统方面，问题主要出现在业务板块上。例如，某些业务板块的整体或部分流程未被纳入信息流系统，部分业务流程无法衔接，信息流通不畅。

想要规避这一误区，企业就需要对自身价值链与价值流进行分析，梳理物料流与信息流系统创造价值的底层逻辑，明确其中的增值与非增值环节，以物料流、信息流通畅为基本原则，进行智能工厂的整体规划。

3. 忽视运营管理模式的重构

很多企业领导者发现，智能化系统的构建与运行，并未如预期一般给各部门带来便利，反倒让大家觉得不适应。例如，被冠以"自动化""智能化"之名的系统或模式，仍需要员工到场处理紧急情况。然而，这并不意味着系统存在问题，而是企业的管理模式没有跟上转型的步伐。

为规避这一误区，企业应该重构管理模式，调整管理重点。例如，在设备维修方面，企业引入了智能化设备监测系统对设备进行预知维修，那么管理重点就要从过去的设备故障维修调整为监测核心零部件的劣化趋势，以消除小微缺陷，实现零停机。

综上所述，在智能化转型过程中，企业要保持清醒，不盲目跟风，紧紧围绕自身业务特点与管理水平作决策，并确保各项决策有效执行，从而获得强劲的发展动力。

3.2 抓住驱动转型的关键点

想要推动转型战略平稳落地,企业需要明确两个关键点:选择适合自身的转型路径,切忌盲从;引入高效、低门槛的转型工具,降低试错成本。

3.2.1 选择合适的转型路径

产业升级最忌讳盲目跟风。对企业而言,选择适合自身的路径是智能化转型的首要之务。企业智能化转型可遵循四种路径,如图3.2所示。

转型路径:
01 依托龙头企业的链式转型
02 依托集群园区的集体转型
03 依托工业互联网平台的协同转型
04 依托"小快轻准"技术产品的自主转型

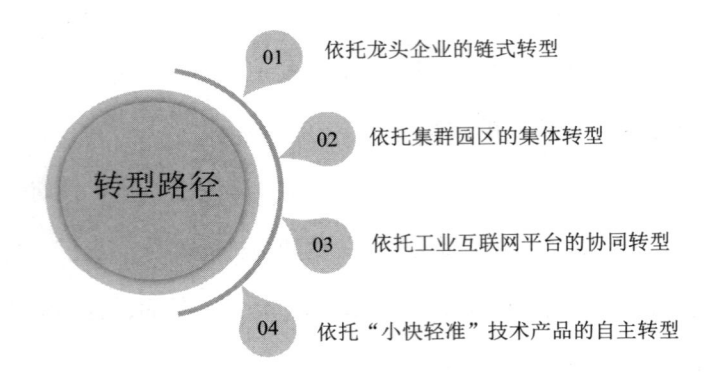

图 3.2 企业智能化转型路径

1. 依托龙头企业的链式转型

这种转型路径是指供应链上的龙头企业为链上伙伴提供数字化技术、产品及相关培训支持,助力伙伴企业实现智能化转型。一方面,依托龙头企业的技术、客户、渠道资源与商业生态,企业可以有效提升业务水平,与大型客户建立合作关系;另一方面,利用SaaS等产品,龙头企业可以获取链上企业的工业数据，进而对整条供应链进行监控和调度，提升各主体在采购、品控、排放等环节的协作效率。

2. 依托集群园区的集体转型

这种转型路径适用于位于工业集群或园区内部的企业，它们借助集群、园区搭建的智能化协同平台、共享车间等工具和设施，实现集体转型。

一方面，依托各种平台和工具，集群、园区管理者能够加强对区域内企业的管理，降低运行监测、政策推广以及节能减排等方面的管理成本。另一方面，通过共建共用的形式，企业不必独自投资建设，智能化转型成本显著降低。内部协同平台还能帮助各企业优化资源配置，加强业务协同，进一步提高转型效率。

3. 依托工业互联网平台的协同转型

这种转型路径以工业互联网平台为载体，通过产业资源牵引，助力各企业协同转型。具体来说，部分工业互联网平台会在接到大型企业的生产订单后，将其分配给中小企业，利用各企业的零散产能进行社会化生产。为了获取各企业的产能信息、进行订单匹配分析，工业互联网平台会向企业免费提供 SaaS 等应用。从客观角度来看，这确实为企业智能化转型提供了帮助。

对参与社会化生产的企业而言，除了能够依托 SaaS 提升业务能力外，与工业互联网平台合作还能获得更为稳定的订单来源。而大型企业也能通过平台迅速找到优质供应商、生产商，实现小批量、个性化的采购与生产。

4. 依托"小快轻准"技术产品的自主转型

这种转型路径指的是企业自主选择并应用小型、快捷、轻量且精准的数字化技术产品，以提升产研、制造、营销等方面的能力，增强自身核心竞争力。

综上所述，企业需要根据自身所处环境、业务特点以及资源情况，综合考虑并选择智能化转型路径，确保平稳转型。

3.2.2 引入高效、低门槛的转型工具

不少中小型制造业企业的资金、技术、人才等资源有限，导致其无法像成熟大企业那样有较大的试错空间，因此急需一些高效、低门槛的转型工具，以降低智能化转型成本。目前，许多平台型企业推出先进的智能化服务，为中小型企业提供更加低成本、敏捷化的智能化转型路径。

以钉钉为例，在业务系统的快速集成方面，钉钉为各中小型企业提供了成本与门槛更低的解决方案。钉钉开发出丰富的系统集成连接器与API，以低代码平台为载体，开发对采购、生产、物流、销售、服务等环节进行智能管理的高度敏捷的业务系统。基于此，用户能够利用移动终端，实现业务流程的在线协同与即时沟通。这不仅大幅提高了企业运营效率，还解决了诸如业务系统扩展性差、数据孤岛、成本过高等一系列问题。

无锡普天铁心股份有限公司（以下简称"普天铁心"）与钉钉展开合作。基于云钉的底座能力，普天铁心将钉钉作为超级入口，陆续构建智能协同、边缘计算物联网（edge-based IoT，EIoT）等多种应用，实现了设备上钉与业务上钉。普天铁心的智能工厂引入钉钉多个智能化业务系统，实现了生产流程数据的互联互通。在成功打破原有的数据孤岛后，该企业的订单交付周期缩短了一半。

中小型企业进行智能化转型升级，应该秉持"小快轻准"的发展理念，积极借助开放式智能平台和技术，革新运营理念、管理理念和生产方式。在此基础上，企业还要积极参与产业链深度融合，打破时间与空间限制，与链上伙伴共同构建完善、丰富的智能制造产业生态。

3.3 数据驱动：以数据指导转型

提升数据驱动能力与智能化转型相辅相成。企业需要在智能化转型的过程中，掌握并提升数据驱动决策的能力，打造数据驱动的业务流程，以高价值数据指导智能化转型。

3.3.1 基于数据分析做决策

基于数据分析做决策，即利用真实、经过验证的指标与数据分析结果进行战略性业务决策，并持续分析、更新数据，把控决策执行的方向。想要基于数据分析作出科学的决策，企业就必须了解数据驱动决策的必要条件与实现路径。

1. 数据驱动决策的必要条件

数据驱动决策的必要条件有以下四个：

（1）数据质量，这是数据分析的基础。只有具备时效性、准确性、完整性的数据，才能为企业决策提供支撑。

（2）分析工具。数据分析不能"赤手空拳"，企业必须引入数据挖掘、统计分析、机器学习等工具。这些工具能够帮助企业从海量数据中发现潜在的行业趋势、业务模式等，辅助企业作出科学的决策。

（3）专业人才。数据挖掘与分析通常由专业的数据分析师主导，其他专业人才从旁协助。他们掌握丰富的数据和统计学知识，并具备编程及数据处理能力。

（4）领导层支持。作为决策的主体，企业领导层必须认识到数据的价值，将其纳入企业战略规划中。

2. 数据驱动决策的实现路径

基于上述四个必要条件，数据驱动决策的实现路径分为以下六步：

（1）明确问题和目标。为了确保数据驱动决策的有效性，企业必须明确所面临的问题以及期望达成的目标。这要求企业基于现有的资源状况和战略规划，设定明确且可量化的具体目标。例如，目标是提高生产效率，则应具体化为"将特定生产线的效率提升20%"。

（2）收集并整合数据。基于问题和目标，企业从官网、邮件、电话、社交媒体等各种渠道收集数据，并将其整合到统一的数据池或数据仓库中。

（3）清洗与分析数据。收集到的数据需要经过清洗、预处理等步骤，以剔除无效数据、合并相同或类似数据，进而提升数据质量。在此基础上，专业人员会运用数据分析工具与统计方法分析数据，提取有价值的信息。

（4）建立并验证模型。基于数据分析结果，企业还需要建立分析模型并对其进行验证，用于预测业绩走向或优化业务流程。

（5）制定决策方案。基于数据分析结果和预测报告，企业需要综合考虑成本、风险、收益等因素，制定决策方案，尽快实施并监测。

（6）持续优化。根据决策实施效果，企业需要对数据分析模型、工具进行持续优化，进而调整决策内容，为下一步工作指明方向。

通过遵循上述步骤，企业能够逐步建立科学的数据驱动决策机制，提高战略制定与决策实施的科学性、准确性，进而在市场竞争中保持优势。

3.3.2 打造数据驱动的业务流程

数据驱动业务决策是企业智能化转型的重要方向。企业的业务属性、所处行业不同，打造数据驱动的业务流程的方式、路径也不同。但相同的是，每个企业都渴望以数据分析驱动业务增长。那么在打造数据驱动的业务流程时，如何确保数据能真正为业务部门的决策提供助力呢？对此，企业需要关注三点，如图 3.3 所示。

1. 提高数据支持类工作的效率

2. 建设必要的基础设施

3. 提升数据分析人员的业务理解能力

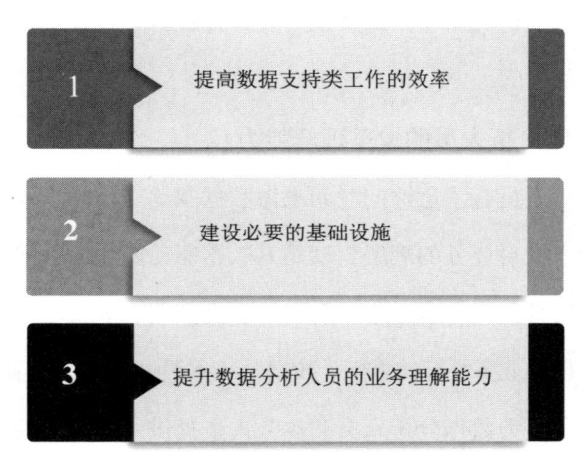

图 3.3　打造数据驱动的业务流程的关键点

1. 提高数据支持类工作的效率

数据分析人员的日常工作通常分为两类：一是数据支持，二是数据驱动。数据支持工作包括日常报表的创建与上线、应对临时需求，以及根据业务部门的指令制作分析报告、进行流量分析等。而数据驱动工作则侧重于通过数据分析发现业务问题，协助业务部门优化产品研发和运营策略，从而支持领导层的决策制定。

数据支持类工作烦琐但又不得不做，想要优化业务流程，企业就必须提升此类工作的效率，把更多时间留给数据驱动类工作。一方面，企业要规范业务需求的提出、评估、承接、开发、校验等一系列环节；另一方面，企业要做好业务需求的优先级排期，并对需求交付进行公示。这样能够有效避免需求冲突，公开透明的交付展示也避免了数据分析人员与业务人员之间产生误会。

2. 建设必要的基础设施

企业应建设必要的基础设施，例如，搭建通用的报表平台，以统一管理日常报表的制作和查询工作，使业务人员能够自行查看所需信息。同时，企业需要梳理数据支持类工作中的常规内容，并进行工程化处理，进一步节省数据分析人员的时间。

3. 提升数据分析人员的业务理解能力

当数据分析人员有了足够的时间来做数据驱动工作时，企业需要明确一点：数据分析人员对业务的理解程度是其数据驱动能力的上限，任何分析模型、思维与方法都仅仅是逼近这一上限的手段。

想要深刻理解业务、打破上限，数据分析人员就需要提升业务理解能力。具体来说，企业要为数据分析人员和业务人员提供一个交流的空间，鼓励数据分析人员大胆提问，对企业业务模式、产品、渠道、用户、运营、部门架构、KPI等信息进行全面了解，进而掌握数据分析的主动权，及时发现业务部门的问题，以数据驱动业务流程优化。

综上所述，打造数据驱动的业务流程，需要数据分析人员与业务部门协同配合。企业领导者要做好双方的沟通协调工作，使数据分析人员"想业务所想"、业务部门理解数据分析人员的工作，双方形成合力，共同赋能业务发展。

3.3.3　ABB携手未蓝云：数据驱动的柔性化生产

ABB集团是电气与自动化领域的领军企业，该集团旗下企业、研发基地——北京ABB低压电器有限公司（以下简称"ABB"）携手工业互联网平台"未蓝云"，共同打造柔性供应链体系。

随着业务不断扩张，ABB 的供应链网络越发复杂，管理难度越来越大。企业无法及时了解供应商产能与库存现状，链上企业信息传递也不及时，整条供应链存在极大的风险。

针对上述问题，未蓝云为 ABB 打造数智协同供应链供应方平台/站长服务平台（sell-side platform，SSP），增强供应链韧性。具体来说，该系统整合了 ERP、MES、数据中台等多种系统，并配备可视化看板。企业登录系统，即可查看供应商的生产进度、库存情况，采购订单数据、原材料报废数据等也实现了共享。与 ERP 系统的互联互通，使企业能够了解采购方的外协库存，确保采购全流程透明可控。

同时，数智协同供应链 SSP 与 ABB 供应链工厂深度融合，进一步提升订单管理能力与生产水平。在下单环节，该平台会自动分析 ABB 订单物料清单（bill of materials，BOM）与供应商生产 BOM 之间的差异，减少双方核对的工作量，降低后续订单的返修率。通过缜密的逻辑运算，该平台会计算出实际的缺件需求，根据供应商库存计算出下单数量，支持一键下单。

下单时，如果出现物料不齐套的情况，该平台可将缺料信息一键转换为邮件并发送给供应商，大幅提升了采购工作效率。

在生产环节，该平台具备智能排产、一键生成领料出库单、一键成品入库、一键生成供货标签打印等多种功能，实现了产品出入库、供货等环节的完全自动化。

基于此，ABB 得以与供应链合作伙伴并行工作，在设计、制造、管理等方面实现供应链内部、跨供应链的协同合作，并提升资源利用效率。不仅如此，ABB 能够对产品的制造与配送进行远程监控与全程追溯，增强供应链韧性，降低风险，提升竞争力。

中篇
数字技术赋能制造升级

第 4 章
数字孪生：智能制造的创新引擎

数字孪生即应用计算机、传感、三维建模等技术，以软件为载体，对物理实体的行为、流程等进行描述、分析与预测，实现现实世界与虚拟世界的交互映射。智能制造时代，数字孪生技术为企业智能化转型提供全新动力，为制造业发展带来更多可能。

4.1 数字孪生应用总览

数字孪生理念起源于工业制造领域，随着技术的不断发展，这一概念为制造业企业带来多重价值。在 AI 技术日渐成熟的今天，数字孪生技术与其深度融合，不断拓展应用场景，赋能更多行业。

4.1.1 数字孪生：为工业制造带来多重价值

智能制造时代，数字孪生因其动态仿真、分析和辅助决策等能力，备受制造业企业关注。具体来说，数字孪生之于智能制造的意义有四点，如图 4.1 所示。

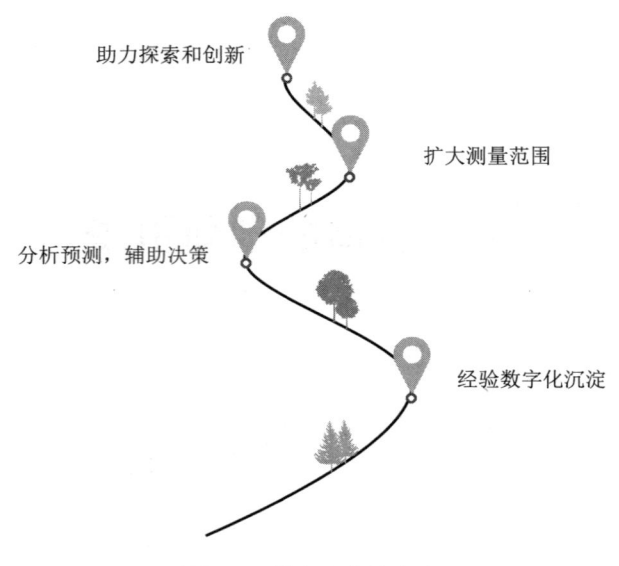

图 4.1 数字孪生的意义

1. 助力探索和创新

数字孪生技术体系包含数据建模、人机交互等技术以及各种设计与仿真工具，能够将物理实体映射到虚拟空间中，形成可复制、可移动、可删改的数字镜像，加快操作人员了解物理实体的速度。而制造业中存在许多由于现实条件限制而难以完成的操作，数字孪生技术通过仿真模拟、虚拟装配等形式，使其在虚拟空间中得以实现，有利于制造业企业探索未知，不断优化、创新操作流程。

2. 扩大测量范围

工业领域的真理是只要能够测量就能够改善。无论是开发设计、制造还是服务，都需要准确测量物理实体的各种参数，从而实现科学的分析与优化。然而，传统的测量方法依赖于传感器、采集系统等测量工具，进而限制了测量的范围。

数字孪生技术与物联网、大数据相结合，不仅能够采集传感器显示的直接数据，还能通过机器学习推测出无法直接测量的数据，进而扩大测量范围，助力产品与服务优化。

3. 分析预测，辅助决策

大多数企业难以通过传统手段对产品生命周期进行精准预测，因此无法对隐藏在表象下的问题进行预判。数字孪生技术借助物联网的数据采集、大数据的信息处理与建模分析技术，能够判断产品的真实状况、诊断已有问题并预测其发展趋势。数字孪生技术能够模拟各种可能性，给出可靠的分析结果，为科学决策提供支持。

4. 经验数字化沉淀

制造业历经多年发展，在设计、生产、服务等领域积累了宝贵的专家经验。数字孪生技术能够通过数字化手段将这些经验进行数字化保存、修改和转移。例如，针对大型设备在运行过程中出现故障的问题，基于传感器中的历史数据，数字孪生技术会通过机器学习总结不同故障场景下的数字化特征模型，并将其与专家的处理记录相结合，作为未来设备出现故障时作出准确判断的依据。

综上所述，数字孪生技术为工业制造带来多重价值。对制造业企业而言，数字孪生是实现智能化转型的重要技术基础。

4.1.2 与 AI 融合：拓宽数字孪生应用场景

数字孪生与 AI 融合，可以使物理实体在信息化平台中实现更真实、更高效的数字化模拟。同时，搭载 AI 算法的数字孪生系统能够基于更大规模的数据进行自我学习，从而在虚拟世界中实时呈现现实世界的状况，并对即将发生的事情进行预测。

在AI技术的推动下,数字孪生得以在更多领域实现应用,如制造、建筑、医疗、城市管理等,见表4.1。

表4.1 数字孪生的应用情况

应用领域	制造	建筑	医疗	城市管理
应用场景	波音777制造	北京大兴国际机场、艺术馆建设	数字心脏研发	城市整体布局
孪生对象	数字孪生产品、数字孪生生产线、数字孪生工艺	建筑物龙骨、建筑物管网	心脏结构、血液灌流、心电动力	城市管网、气象天气
效率提升	研发周期由89年缩短至5年;实物仿真几百次减少至几十次;生产成本降低25%以上	建造成本降低5%左右;建造工期缩短10%;返工率降低50%	降低手术风险;提高药物作用、精度;快速制定个性化治疗方案	应急处置效率提高30%;拥堵率降低25%;减少城市管理成本
功能价值	产品性能改良;制造流程优化;设备运行监控	建筑物结构设计;建筑资源优化配置;应急方案预演	器官状态监测;心脏手术预演;药物扩散模拟	城市规划辅助设计;区域状态异常预警;城市资源优化配置
发展方向	由单设备设计、生产、运维到多设备互联、协同、优化	由单体建筑仿真模拟到建筑群资源优化配置	由单个脏器监测、模拟到多器官协同治疗	由单一城市监控、优化到多城市联动、资源配置

以数字孪生在城市管理领域的应用为例,在杭州市萧山区,阿里云旗下的演变性技术(evolutionary technology,ET)城市大脑可以对交通信号灯进行自动控制与调配,让救护车到达现场的时间缩短了50%以上,为患者开辟了一条畅通无阻的"绿色生命线"。

此外,达索公司的"Living Heart"项目借助AI、数字孪生技术,掌握了通过肌肉纤维产生电力的方法,能够复刻心脏的真实动作,建立高度仿真的3D心脏模型。这使得外科医生可以更精准地规划最佳手术方案,让患者得到更好的治疗。

随着数字孪生与 AI 的进一步融合，二者的价值会更充分地体现出来，在越来越多的领域发挥更重要的作用。通过建立与现实世界实时联动的数字孪生技术体系，企业能够对各方面资源进行优化配置，打造智能制造时代的新型发展模式。

4.1.3 西门子：以数字孪生打造智能化工厂

2022 年 6 月，西门子首座原生数字化工厂——西门子数控（南京）有限公司（简称"SNC"）的新工厂投入运营。这一里程碑事件标志着西门子在数字化转型方面迈出了重要一步。在该工厂的建设与运营过程中，西门子充分利用数字孪生技术，积累了宝贵的技术应用经验，为同行业树立了标杆。

事实上，该工厂一共建设了两次，一次是在虚拟世界中，另一次则是在现实世界中。现实世界中的工厂破土动工前，西门子先通过数字孪生技术分析工厂需求、布局设计、模拟生产流程并做好虚拟调试，在线上完成对该工厂的虚拟建设。

值得一提的是，物流动线设计一直是工厂设计与建设过程中的重难点。各种原料、产品在工厂各区域之间流转的顺畅程度会直接影响整座工厂的运转效率。在过去，企业通常是以软件预先设计的动线为基础进行建设，但在实际运转时，还是会出现意想不到的堵点。

而利用数字孪生技术，企业可以先在虚拟工厂中运行物流动线，发现堵点并随时调整，避免在现实工厂中进行烦琐的调整，显著提升了物流动线建设和运行效率。

如果工厂的车间布局需要改变，企业可以运用数字孪生技术先对一线员工的移动路线变化进行预测，判断生产安全性后再行调整。结合工厂设备传感器上传到系统中的数据，企业可以通过虚拟模型发现机器故障的根源。不仅如此，随着数字化工厂的普及，数字孪生技术还能帮助不同工厂的团队以虚拟形式协同合作、共同解决问题。

西门子官方发布的数据显示，采用数字孪生技术的 SNC 新工厂比普通工厂的产能提高将近两倍，生产效率提升 20%，产品上市时间缩短近 20%，空间利用率、物料流转效率也有不同程度的提升。这些数据充分证明了数字孪生技术在智能化工厂中的重要作用。

4.2　数字孪生融入制造多环节

工业制造是数字孪生的"主战场"，其渗透工业产品的设计、生产、运维等多个环节，为提升制造效率与产品质量、优化管理模式带来诸多帮助。

4.2.1　设计环节：数字化环境中的设计与调试

在产品设计阶段，设计师可以运用数字孪生技术进行产品设计与调试，进而缩短产品上市周期，提升市场竞争力。

首先，数字孪生技术与 CAD 工具及其他建模软件相结合，能够帮助设计师快速构建产品的三维数字模型。三维数字模型能够清晰地展示产品的几何形状、材料属性以及其他物理参数，使设计师能够全方位地理解和分析产品。

基于三维数字模型，设计师可以运用数字孪生技术模拟产品在不同温度、湿度、压力、振动等条件下的性能表现，通过仿真测试预测可能出现的问题，并提前进行设计优化。这不仅降低了物理样品制作和测试的成本，还大幅缩短了测试周期。

此外，在数字化环境中，设计师可以随时调整设计方案，通过反复迭代和优化找到最优解。数字孪生技术为产品设计提供了广阔的试错空间，帮助设计师突破传统设计的限制，创造出更为高效的产品。

在具体的行业应用中，航空航天领域不断挖掘、利用数字孪生技术的价值。在飞机设计阶段，数字孪生技术使工程师能够通过虚拟副本进行原型设计并开展测试，获取机体在不同环境中的起飞、着陆及更多关键信息。相较于物理模型，开发与测试的成本都大幅降低。

其次，基于数字孪生技术的全面模拟，工程师能够发现机体中阻力较大或容易引发湍流的区域，进而调整机体形状，增强气流控制，有利于减少飞机的燃料消耗与排放。

最后，基于在数字空间中进行的多轮测试，工程师能够针对不同机体制订更加系统、科学的维护计划，更早地发现潜在问题，减少飞机中断运行的时间。从长远来看，这一举措使航空航天企业从产品设计阶段就能降低维护成本。

4.2.2 生产环节：打造最佳生产方案

在产品生产阶段，数字孪生技术能够模拟、优化生产流程，助力企业打造最佳生产方案。具体来说，数字孪生技术能够对设备的关键动作进行模拟，以虚拟动画的形式清晰展现每一道生产工序。同时，数字孪生技术能够针对不同工序进行深度开发，将生产数据与设备的三维模型相结合，实现虚拟设备与现实设备的联动，并实时呈现运行数据。

作为农作物保护与生物技术研发领域的代表性企业，拜耳作物科学公司

（以下简称"拜耳"）利用数字孪生技术，为其在北美地区的9个玉米种子生产基地建造虚拟工厂。这些工厂可以动态数字化展现生产基地的设备、流程、物料清单与操作规则，帮助企业对生产基地进行假设分析。数据显示，借助虚拟工厂，拜耳用2分钟就可以将9个生产基地10个月的运营过程演示完毕。

在准备推出新的种子处理方案或定价策略时，拜耳可以利用虚拟工厂对生产基地进行评估，判断其是否有能力承接新的方案或策略。在此基础上，拜耳可作出投资决策、制订长期业务计划或改进生产流程。

空中客车公司（以下简称"空客"）将数字孪生技术应用于飞机生产与组装，提高了生产的自动化程度，缩短了交货时间。

飞机生产与组装需要用到碳纤维增强复合材料（carbon fibre reinforced polymer，CFRP）组件。这种材料的拉伸强度、弹性模量较高，耐热和耐烧蚀性能较好，因此在使用过程中需要特别注意其剩余应力（物体塑变后保存在变形体中的附加应力，会导致物体塑性、化学稳定性与导电性降低，具有一定的危险性）的数值。为了减少剩余应力，空客开发了应用数字孪生技术的大型配件装配系统，通过智能控制减少剩余应力。

该系统包含各个组件对应的数字孪生体模型。在装配过程中，传感器会将获得的待装配组件数据传输到相应的数字孪生体中。数字孪生体负责分析数据、计算并校对位置，在剩余应力的限制范围内引导装配。

4.2.3 运维环节：预测性维护保证生产效率

智能制造为企业带来更为强大的生产力，也对企业的运维人员提出了更高的要求。在运维环节，数字孪生技术同样大有可为。

1. 智慧锅炉运维

锅炉是一种热能设备，在工业生产中得到广泛应用。但是燃煤工业锅炉的污染物排放量较大，是大气污染的主要来源。通过数字孪生技术，企业能够保障锅炉安全，并实现节能减排。

一方面，企业可以构建 3D 可视化锅炉运行场景，清晰、直观地看到锅炉的部件组成以及动态运作过程；另一方面，数字孪生技术与物联网、大数据、云计算相结合，能够帮助企业对锅炉及其相关附件的检验信息进行动态采集，并通过智能传感器实时采集锅炉运行的压力、水位、温度等数据，计算锅炉的热效率。同时，企业还可增添报警通知模块，从而实时监控设备运行、做好维护保养。

2. 供应链运维

食品生产企业玛氏公司在其供应链上使用了数字孪生系统，有效支持业务发展。具体来说，该企业通过 Microsoft Azure 数字孪生物联网服务优化其 160 个制造设施的运维。此外，该企业运用数字孪生技术创建了一个虚拟的"用例应用商店"，并通过预测性维护延长机器的运营时间，由此减少生产物料的浪费，进一步提高产能。

3. 风电场可视化运维

风电场是捕获风能、将其转化为电能并送入电网的场所，其智能化水平直接影响电力系统的运行。企业可以通过数字孪生技术构建风电场实景平台，整合风电场运维环节的各项数据，实现对风电场的全生命周期优化管理。

风电场实景平台的优势有以下三点：

（1）工作人员可以通过 2D 面板查看风机发电指标，通过曲线图明确电功率随风速变化的趋势并及时调整，避免因运维活动安排不当而造成损失。

（2）叶片是风机系统中最先承压且承压较重的部件，需要格外关注。该平台会分析无人机倾斜摄影采集的图片，了解叶片运行状态，避免出现事故。

（3）该平台会对风机运行过程进行诊断与预测，根据风机运行状况进行合理调度并辅助决策，提高风机安全性，实现智能化管理。

综上所述，数字孪生技术能够全面赋能运维环节，实现运维过程的全覆盖、实时监测，使制造业企业的运维工作客观、可控。

4.2.4 蔚来汽车：数字孪生平台实现数字化管理

作为新能源汽车行业的代表性企业，蔚来积极应用数字孪生技术提升车间管理能力，实现可持续发展。蔚来选择与专注于数字孪生平台研发的高新企业 DataMesh（商询科技）合作，在该企业的协助下部署生产及物料控制（production material control，PMC）数字孪生平台。

该平台以 DataMesh 研发的企业级元宇宙平台 FactVerse 为基础。FactVerse 集混合现实（mixed reality，MR）技术、数字孪生技术、智能优化算法和企业知识图谱于一体，并配备数据融合服务（data fusion services，DFS）引擎。

FactVerse 具备建筑信息模型（building information modeling，CAD/BIM）数据处理、文档及活动管理、物联网平台数据管理、跨地域实时分发等功能。通过该平台，企业可以在虚拟空间中快速复刻工业制造场景并进行分析，以优化业务流程，提升现实工作效率。

基于 FactVerse 的强大能力，蔚来能够通过 PMC 数字孪生平台对汽车总装车间进行全流程数字化管理，并在此基础上创建数字孪生工厂。

对蔚来而言，PMC 数字孪生平台的优势有两点。

（1）零代码搭建孪生场景。员工无须掌握编程技能，就可以通过该平台创建虚拟生产线与设备。在此基础上，员工可以低成本地模拟业务活动，优化生产线布局、AGV 路径以及设备逻辑等。

（2）虚实融合。DFS 引擎整合了 AGV、RFID、MES 等多种软硬件的数据，实现了现实车间与虚拟空间的无缝衔接，提升了企业解决问题与实时监控的能力。

在 PMC 数字孪生平台的帮助下，蔚来生产车间的监管水平、生产透明度和团队协作效率都显著提高，有助于企业的可持续发展。

4.3 多场景落地，提供智能化解决方案

目前，数字孪生已从理论走向实践，在多个场景实现了落地应用。不少企业借助该技术打造虚拟空间，实现对工厂的可视化管理，推动生产线实时优化及智能设备升级，最终实现可持续发展。

4.3.1 工厂建模，实现系统的可视化管理

数字孪生技术的发展极大地提升了三维建模的精度与深度，增强了可视化技术的表现力与互动性。基于此，制造业企业能够对工厂、设备进行更为精准的三维建模，实现对其的可视化管理。

企业可以通过工厂三维建模对资产进行数字化管理，打造全方位、多层次、透明化的生产制造系统。目前，许多企业采购生产设备时要求设备供应商提供具有三维模型的数字化设备，生产线集成商交付工程时也会为企业提供一套可持续使用的数字化生产线。

随着数字孪生技术的日渐普及，不少龙头企业开发出更为精准的工厂建模工具与解决方案。以西门子为例，其研发的 NX Line Designer（NX 生产线设计模块）是一种面向制造工程师的生产布局解决方案，工程师可利用西门子提供的统一平台完成生产线全流程布局。

具体来说，NX Line Designer 能够利用丰富、可扩充的生产资源库设计定制化、可视化的生产线，并关联各种信息。三维模型还可以输出工程图纸，用于现实生产线的生产制造。

NX Line Designer 还采用点云技术实现历史资产的快速 3D 可视化呈现。企业不仅可以从零开始为每个厂房新建模型，还可以对现有的工厂进行快速扫描建模，实现工厂整体的可视化呈现。同时，NX Line Designer 可以将新建的三维模型和点云扫描模型相结合，为工厂生产线的调整优化提供支持。随着工厂的持续发展，点云模型会被新的三维模型所取代，方便企业实现线上线下同步管理，提升工厂运营效率。

4.3.2　虚实互联，推动生产线的实时优化

生产线优化是制造业企业提升生产效率与产品质量的重要保障，而传统优化形式依赖于企业的生产经验与试错空间，通常需要较长时间且效果有限。利用数字孪生技术，企业可以搭建生产线数字孪生系统，从三个方面推动生产线实时优化，如图 4.2 所示。

首先，该系统利用物联网、传感等技术连通产线设备，及时收集温度、湿度、速度等各类生产数据，将其传送至云端进行实时分析，并通过可视化技术展现给管理人员，有助于其及时发现问题并采取相应的解决措施。同时，该系统具备交互功能，管理人员可以对生产过程进行远程操控，进一步提升

生产线优化效率。

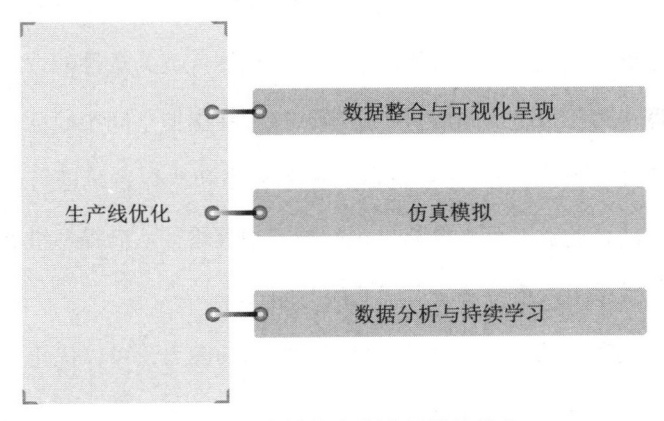

图 4.2 生产线数字孪生系统的能力

其次，该系统利用生产数据与精确的模型，进行生产过程的仿真模拟。这不仅能够帮助企业排查潜在的生产线问题、防患于未然，还能帮助企业测试多种生产方案及相关工艺流程，为产线优化寻找最优解。

最后，该系统会对生产数据进行持续分析与学习，从中发现生产规律，预测未来的生产需求走向，提供生产方案与工艺流程的优化建议，为企业提供决策支持。

4.3.3 虚拟编程与调试，智能设备优化

在工业制造领域，智能制造带来的变化之一就是机器人的应用范围不断拓展。工业机器人的核心组件为PLC，这是其实现自动化运行的关键。

在数字化工厂中，生产环境会因产品品类切换或新品类引进而发生变化，这就要求机器人的PLC能够进行自主切换、调整与优化。然而，由于厂家提供的PLC不够智能且稳定性差，机器人无法根据生产场景的变化而自动

改变，最终成为只能执行固定流程的自动化设备，企业生产成本不减反增。

基于数字孪生的机器人仿真与虚拟调试工具能够很好地解决这一问题。此类工具能够满足企业的多种生产需求，使机器人成为柔性的智能化设备；能够对机器人协作及生产系统进行虚拟调试，在虚拟空间中验证机械操作顺序、校验 PLC 控制代码，并对机器人控制程序和执行系统进行诊断测试。在硬件到位前，此类工具会推算出正确的控制策略，从而提升机器人之间的协作效率，减少生产系统调试所耗费的时间。

同时，此类工具还具备自动识别工件曲面的能力，可以优化机器人的工作姿势与工作流程，有效节省能耗。不仅如此，此类工具能够在需要人机协作的情况下保障机器人与工作人员的安全，提高生产安全性。

总之，基于数字孪生的机器人仿真与虚拟调试工具可以消除机器人不够智能的弊端，为企业节省时间与成本，提高调试效率。

第 5 章
AI：深化制造智能化升级

经过多年的理论探索和实验室研究，AI 技术展现出强大的潜力，驱动制造业智能化升级。目前，AI 产业体系已趋于完善，能够从多个维度助力智能制造。同时，AI 技术的发展不仅推动了智能制造的深化，更提升了制造业的创新能力，催生了众多新业态。

5.1 AI 带来制造新机会

AI 技术以其巨大的发展潜力与融合效应，助力制造业创新发展。不少企业已经制订以 AI 为核心的系统性方案，以实现智能化转型。

5.1.1 AI 深化发展，与制造融合

从聊天机器人模型 ChatGPT、文生视频大模型 Sora 到 AI 助理 ChatGPT-4o，AI 技术不断突破瓶颈，为社会生产生活带来更多便利。而在工业制造领域，AI 技术以其强大的融合效应渗透研发设计、生产制造、管理服务等多个环节，为企业发展注入了新的活力。

1. AI+ 研发设计

在研发设计环节，AI 与计算机辅助工程（computer aided engineering，CAE）、CAD 等设计软件相结合，能够显著提高产品设计效率。以 CAE 软件为例，该软件用于分析和优化产品的结构性能，并将生产流程的各个环节组织起来，集成相关信息，使其贯穿于产品/工程的整个生命周期。

CAE 软件广泛应用于工业领域，因此积累了大量的工业数据。这些数据成为 AI 大模型的训练数据来源，进而提升 CAE 软件的建模能力。在与 AI 大模型相结合后，CAE 软件不再仅依赖于理论知识来生成模型，而是能够根据历史设计数据分析不同影响因素的关系，进而大幅度提升建模效率。

2. AI+ 生产制造

在生产制造环节，AI 技术可以与工业机器人深度融合。其技术应用方向有两种：工业机器人搭载预训练语言模型，从而理解员工的自然语言指令并做出相应动作；工业机器人搭载深度学习模型，从而自主完成物料识别、任务执行路径规划等工作。

目前，西门子旗下的智能制造软件平台 SIMATIC IT 已引入 ChatGPT，确保软件使用者能够与系统进行自然语言交互；百度与 TCL 合作，研发电子制造行业大模型，将其应用于 TCL 生产线中，从而使产线检测平均精度均值（mean average precision，mAP）提升 10%。

3. AI+ 管理服务

相较于研发、生产两个环节，管理服务环节因其较强的通用性，成为 AI 技术更容易取得突破的工业场景。目前，不少科技型企业陆续推出以 AI 技术为核心的产品与解决方案，助力企业管理降本增效。例如，微软推出 AI 工具 Dynamics 365 Copilot 以及接入 AI 功能的电脑系统 Microsoft 365

Copilot，显著提升了用户的工作效率。

综上所述，AI 技术与制造业的融合不断加深，通过产品、方案、服务等形式为企业提高生产效率、实现智能化转型提供帮助。

5.1.2　系统性方案，推进企业智能化转型

借助 AI 技术实现智能化转型的理念正逐渐成为各行各业的共识。然而，想要将理念转化为现实，企业就不能将 AI 驱动转型看作一个新的 IT 项目，而要制订一个环环相扣的系统性方案，确保转型平稳落地。麦肯锡与麻省理工学院的一项联合研究表明，在智能化转型方面表现优异的企业制订的系统性方案存在五个共性，如图 5.1 所示。

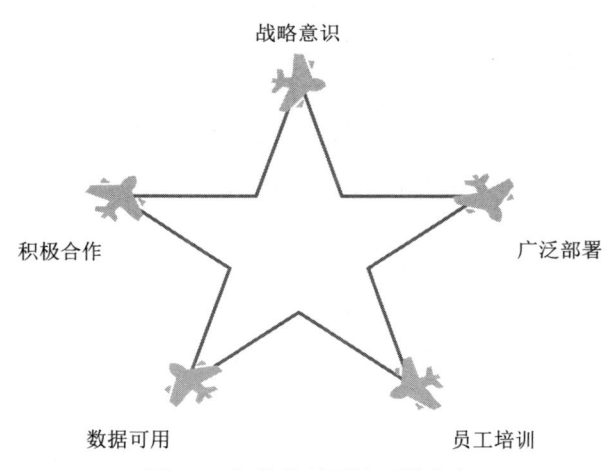

图 5.1　智能化转型的系统方案

1. 战略意识

所谓战略意识，即企业对 AI 驱动转型有着明确的认知——智能化转型绝不仅仅是引入机器人流程自动化（robotic process automation，RPA）工具，而是涉及重塑组织架构、打破数据孤岛、实现资源优化配置与高效合作的复

杂工程。

基于这种意识，很多企业建立了专门的专家中心（center of expertise，CoE），将 AI 技术、人才、设施等各类资源集中起来，以把控转型方向。例如，东风日产的 CoE 在企业定位、策略与体制推广、驱动治理、人员培训与激励、信息交流等方面发挥重要作用；普华永道与 RPA 项目开发企业 Blue Prism（蓝棱镜）联合成立 RPA CoE，帮助企业客户部署 RPA 工具；德勤则设立低代码 CoE，协助企业使用智能化平台替换遗留系统。

2. 广泛部署

在智能化转型过程中，企业会着重在预测、设备维护、物流运输等环节广泛部署 AI 技术，并通过多试点并行策略验证变革措施，积累可复制、可扩展的经验。

3. 员工培训

成功转型的企业会尽可能地让更多员工（特别是一线员工）掌握 AI 技能。来自 CoE 的数据专家负责开发与测试新的技术应用方法，将其打包成可使用的 AI 工具，再提供给一线员工。这不仅能够让员工掌握更多 AI 知识与应用方法，更使其明白了数据的重要性，提升识别问题的能力。从长远来看，面向员工的 AI 培训能够强化企业的整体竞争力。

4. 数据可用

在转型过程中，企业会格外重视数据的获取与使用。成功推进转型的企业通常允许一线员工访问数据，企业领导者也会主动与用户、供应商等主体进行数据交换，将数据转化为推动转型的力量。

5. 积极合作

对大多数企业而言，智能化转型不能靠"单打独斗"，而是需要从外部合作伙伴那里汲取能量。成功推进转型的企业会积极建立更为广泛、紧密的合作伙伴关系，从而加快转型进程。例如，高露洁 - 棕榄与 AI 机器诊断解决方案供应商 Augury 合作，在生产线上部署基于 AI 的机器健康诊断系统，从而避免了长达 8 天的停机。

综上所述，制订系统性方案是企业成功推进智能化转型的必然选择。目前，智能化转型的领军企业还在不断追加转型预算。对其他企业而言，为避免智能化鸿沟越来越大，以系统性 AI 方案驱动转型刻不容缓。

5.2 多维度助力智能制造

目前，AI 技术以产业链的形式，从多个维度助力智能制造发展。具体来说，AI 产业链分为基础层、技术层以及应用层。基础层提供各种软硬件资源，助力 AI 模型开发与运行；技术层提供 AI 算法，能够提升工业生产效率；应用层以 AI 系统渗透工业制造的多个环节、领域，推动智能制造实现深化发展。

5.2.1 软硬件资源助力模型开发与运行

对传统制造业企业而言，AI 模型能够帮助其提升生产效率，迈入高效化、智能化生产阶段。而 AI 软件和硬件是确保 AI 模型平稳落地的关键资源。

一个 AI 模型从开发到上线需要经历数据采集、模型训练、模型测试、应用监控、应用维护等环节。在这一过程中，研发团队需要深入研究 AI 算法，提升 AI 算力，并挖掘高质量的数据资源。同时，研发团队要尽可能地减少资源浪费，降低企业试错成本，提高企业部署 AI 模型的速度。

AI 软硬件资源的发展可分为三个阶段。

第一个阶段是资源开发的雏形期。这一阶段出现的大多是针对算力、算法或数据等单一模块的粗放型工具，与之同时出现的还有各种新兴 AI 资源赛道。

第二个阶段是资源的快速发展期。在这一阶段，各个赛道的活跃度大幅提升，基础服务体系逐渐完善，资源价值更加凸显。

第三个阶段是资源发展的成熟过渡阶段。在这一阶段，各赛道内的企业竞争激烈、合作增多，出现各种一站式资源工具平台。

根据 AI 发展的"三驾马车"——算力、算法、数据来分类，AI 软硬件资源可分为智能计算集群、模型开发工具以及数据服务与治理平台。

智能计算集群主要负责提供支撑 AI 模型推理、训练和开发的算力资源，包括智能计算服务器、系统级 AI 芯片和 AI 计算中心等。模型开发工具是 AI 模型开发的基础，包括但不限于开源算法框架、AI 开放平台（提供图像、语音等技术能力的调用服务）、AI 模型生产平台。数据服务与治理平台主要负责生产与治理 AI 应用的数据资源。

目前，AI 软硬件资源朝着集约型、精细化方向发展。在智能化转型的浪潮下，传统制造业对 AI 软硬件资源的需求发生变化，对模型生产周期、模型自学习水平、数据质量、云边端部署方式等的要求不断提高。

面对不断变化的需求以及机器学习、AI 硬件架构等的发展，AI 软硬件资源的效能也在不断进化，从而尽可能地降低传统制造业企业的 AI 模型部署成本，支撑制造业企业健康、稳定、智能化发展。

5.2.2 AI 算法优化生产

AI 算法是制造业企业优化生产流程、提升生产线运行效率的重要技支撑。在智能制造领域，常用的 AI 算法如图 5.2 所示。

1	逻辑回归
2	线性回归
3	朴素贝叶斯
4	最近邻算法
5	支持向量机
6	决策树
7	聚类
8	人工神经网络

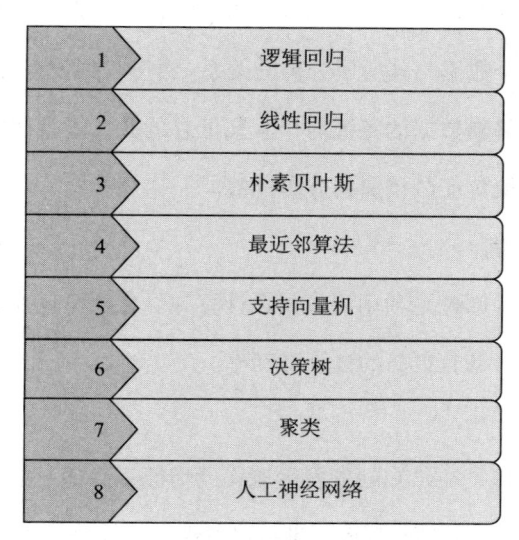

图 5.2　智能制造中常用的 AI 算法

1. 逻辑回归

逻辑回归属于判别式模型，其存储资源和计算量较少，但速度较快，能够直接生成观测样本概率分数。该算法被广泛应用于传统制造业的工业问题上。

2. 线性回归

线性回归主要利用线性模型解决回归问题，其能够预测连续值。线性回归能够自动收集数据，并通过构建数据模型搭建数据矩阵，以生成更加精准的权值参数。

3. 朴素贝叶斯

朴素贝叶斯属于生成式模型，相较于判别式模型，其收敛速度更快，对小规模数据的计算效果更好，能够处理多种类型的任务，更适合增量式训练。

4. 最近邻算法

最近邻算法的原理是在一个训练样本集中，每个数据都有自己的标签，我们能够了解每个数据与其所属分类的关系。当接收到没有标签的新数据后，最近邻算法能够将新数据的特征与样本集汇总的数据进行比较，并在样本集中提取出与新数据特征最相似的分类标签。

5. 支持向量机

支持向量机的原理是利用损失函数计算并优化经验风险和结构风险，能够解决高维问题，具有更高的计算准确率。

6. 决策树

决策树的原理是在已知问题发生概率的情况下，通过构建决策树以获取净现值的期望值，预测项目风险，进行可行性的决策分析。决策树计算简单，易于理解，具有较强的可解释性，能够更好地处理不相关的特征。

7. 聚类

聚类是按照某个特定的标准，如距离、大小等，将一个数据集拆分成不同的类，使同一类数据的相似性尽可能大，并且使不同类的数据的差异性也尽可能大。经过聚类后，同一类数据将尽量聚集，不同类数据将尽量分离。

聚类算法可用于解决制造场景中的产能规划、计划排产问题，运输场景中的路线规划、车辆调度问题，零售场景中的定价、补货问题等。

8. 人工神经网络

人工神经网络是对人脑神经元网络特征的模拟，其通过模拟大脑机制，形成较强的分布存储和分布处理能力，能够更快、更精准地处理输入的信息。

利用线性回归、决策树、人工神经网络算法，企业能够预测工厂电力需求波动和电力设备工作温度的变化，从而更好地了解、满足电力需求，并控制电力设备运行温度，使工厂设备用电更加安全。

利用支持向量机、逻辑回归、朴素贝叶斯和最近邻算法，企业可以将生产数据划分为不同类别，能够监控机床工作进度、工作状态和故障问题，确保工厂做好机床维护，提高生产效率。

5.2.3　AI系统让生产更智能

AI系统是确保智能工厂稳定运行的"大脑"。其渗透工业制造的各个环节，包括但不限于原料处理、生产执行、生产管理等。

例如，在原料处理方面，AI系统凭借计算机视觉能力，实现原料的最优组织管理。在生产执行方面，搭载人工智能物联网（artificial intelligence of things，AIoT）的AI系统能够实时监测、控制生产设备并生成生产参数。在生产管理方面，AI系统能够实现生产数据的可视化呈现，协助管理人员全面追溯生产流程，精准调配一线员工。

AI系统能够应用于传统制造业的各个领域中，如印刷、食品生产、皮革制造、金属制造等。下面将对AI系统在皮革制造领域和印刷领域的应用进行详细论述。

在皮革制造领域，AI系统能够使皮革在原料切割方面更加省料。皮革制造企业可以利用AI系统建设自动排版切割车间。该车间能够利用智能算法对皮革进行科学、合理的规划，显著降低皮革原料损耗。

皮革制造企业还可以利用AI系统搭建全自动真皮伤残检测系统，强化检测密度，提高检测安全系数，其检测速度和准确率远超人工检测。AI系统改变了皮革制造领域传统的人工切割与检测面料的方式，弥补了传统手工生产的缺陷。

在印刷领域，印刷企业可以将 AI 系统融入仓库管理系统、印刷生产设备中，建立印刷云服务平台、印刷工业机器人系统，对印刷技术进行全面升级。AI 系统促使传统印刷从集中式管理向分散式管理升级，极大地提升了印刷效率，增强了印刷管理模式的可控性，降低了印刷过程中各环节的资源损耗。

AI 系统能够对印刷设备的工作进程进行实时监测，帮助印刷工人寻找空闲印刷机，提升运作效率。同时，AI 系统能够持续监控设备部件状态，及时发现问题部件，促使印刷企业对印刷设备进行及时维护和保养，避免因机器突然出现故障停止运作而影响印刷效率。

AI 系统与生产制造相结合，推动了传统制造业无人化管理的发展进程，使传统制造业的生产技术更加智能，极大地提高了传统制造业的生产效率。

5.2.4 腾讯：AI 质检助力高质量生产

2024 年 7 月，腾讯云发布工业质检训练平台 TI-AOI2.3 版本，并宣布与光伏、汽车、半导体等多个行业的合作伙伴共同成立工业 AI 质检生态联盟，探索 AI 技术与实体经济的深度融合，推动产业发展。

工业 AI 质检生态联盟的成立，得益于腾讯多年来在工业质检领域的深耕。腾讯在 20 多个行业积累了丰富的 AI 质检经验，打造了覆盖工业质检全流程的解决方案。

以腾讯与富驰高科的合作为例，作为金属注射成型（metal injection molding，MIM）产业中的领先企业，富驰高科在产品质检环节遇到一些瓶颈。一直以来，该企业采用人工质检方式，质检员需要手拿产品，不断旋转（产品）以发现缺陷，每件产品的质检时间长达 1 分钟。长此以往，质检员容易疲劳，工作负担很大。同时，人工质检消耗的人力成本极大，在高峰时段，质检员规模曾一度超过 1 500 人。

为了解决这些问题，富驰高科一直在寻找以 AI 替代人工的质检方案。然而，这条路也不好走。究其原因，3C 产品成像会出现高反光现象，导致机器无法明确判断产品的凹凸缺陷，进而造成误判（把原本合格的产品判定为不合格）。此外，机器算法无法随着产品更新而快速迭代，也是一个不容忽视的问题。

针对上述问题，腾讯优图实验室团队（以下简称"腾讯团队"）在深入了解富驰高科的工业质检场景后，给出了科学有效的解决方案。

腾讯团队明确了 AI 质检的三大原则。其一，AI 质检不能影响下游组装，因此绝不能出现零部件漏检情况。为此，团队必须有针对性地持续优化 AI 算法，实现零漏检。其二，工业 AI 质检涉及产品成像、后续流程优化等一系列问题，这些都不能忽视。其三，AI 质检应当与生产线配合，要切实解决生产流程中的问题。

基于三大原则，腾讯团队汇集了 AI 算法、工程、软件以及架构师等多领域的专家，与富驰高科团队进行了上百次技术讨论，不断磨合方案。最终，腾讯团队为其设计了光学一体技术，有效解决了产品凹凸缺陷难以判别的难题，并在 AI 算法的加持下快速分析数百张高分辨率图片。结合迁移学习、缺陷生产等技术，即使产品样本数据不足，富驰高科也能完成生产指标。

事实证明，腾讯团队提供的 AI 质检方案非常成功。在 AI 技术的帮助下，富驰高科的质检车间既能实现 24 小时持续工作，还能保证质检水平的稳定性，整体速度提升 10 倍。富驰高科推算，在几十台设备满载运行的情况下，AI 质检每年能为其节省数千万元的人力成本。

除了富驰高科，腾讯还与半导体显示领域的代表企业华星光电建立合作关系，协助其进行基板质量检测，实现降本增效。通过不断拓宽工业 AI 质检的应用范围，腾讯与越来越多的企业建立联系，进而成立联盟，为吸纳质检合作伙伴、促进行业间交流提供生态平台，推动工业 AI 质检不断创新发展。

5.3　AI 激发智能制造新业态

AI 技术的日新月异，促使智能制造领域的产品、模式和产业生态不断创新，为企业发展带来更多可能。

5.3.1　产品创新：新系统驱动新功能

AI 技术蓬勃发展推动软件、硬件、网络等产品创新，为制造业的生产带来更多便利。

在软件方面，随着工业生产水平的提高，制造业企业对软件的安全性、自适应性、智能性的要求越来越高。因此，越来越多的科技企业开始将 AI 融入软件开发中，依托 AI 的机器学习能力构建软件程序，提高软件处理任务的性能，使软件更加自动化、信息化与智能化。

在硬件方面，AI 技术的发展催生 AI 芯片、AI 存储器、AI 传感器等硬件产品。传统芯片存在性能不足、功耗过高等问题，而 AI 芯片的图像处理、语音识别、自然语言处理等功能极大地提升了算法效率。AI 芯片常被部署在设备端或云端，在智能驾驶领域的作用尤为突出，如驾驶环境感知、道路物障识别等。

AI 存储器具有强大的缓存与分层功能，能够与存储云平台对接，自动将数据缓存至本地，提升云上访问数据的加载与运行速度。AI 存储器还有强大的备份功能，能够将数据自动备份至云端，加强数据保护。

此外，AI传感器还具有自补偿、计算、自校正、自诊断和复合感知等功能。自补偿和计算功能开辟了非线性补偿和传感器温度漂移的新路径。它利用微处理器计算测试信号，采用差值和拟合计算法对非线性和漂移进行补偿，以获得更加精准的测量结果。

在网络方面，AI加速了网络的智能化。网络的智能化不仅体现在移动通信领域，还体现在数据中心、园区等场景中。

AI为网络运营商提供了创新的业务，如实时算力，能够在多个维度提升网络性能，帮助网络自优化、自演进。AI任务处理能够在英特尔可扩展服务器的集群上运行，提升数据分析和加工的效率，促进网络运营和网络服务的智能化发展。AI技术提升了网络业务编排和网络智能分析的能力，降低了网络运维成本，满足了网络运营商的诉求，提升了网络的安全性和可靠性。

AI技术的发展将催生更多智能化的软件和硬件，为工业生产和社会生活带来更多便利。同时，AI也将不断推动网络升级和发展，引领人们进入安全、高速、智能化的上网时代。

5.3.2 模式创新：AI大模型重构三大模式

AI技术推动产品创新，企业不仅能实现产品性能的飞跃式提升，更能将先进的技术与商业思维从产品端扩展至整体的运营模式中，实现生产模式、服务模式乃至商业模式的智能化转型与重构。

在生产模式上，很多制造业企业已经开始用AI"智能眼"取代人工执行检测工作。AI"智能眼"主要负责检测连续纤维增强热塑性复合材料

（continuous fiber reinforced thermoplastic composites，CFRT）片材生产，记录片材瑕疵位置和瑕疵种类，并通过图像识别对瑕疵点生成彩色病理报告。这一技术使每一个片材上的瑕疵都能够一目了然地呈现出来，提升检测精准度。

此外，AI 打造了制造业"技术产品＋行业场景"的双轮驱动模式，聚焦深度学习和计算机视觉技术，打造自动化深度学习、工业视觉、视频智能等技术平台，帮助企业快速建立智能工厂。

在服务模式上，以银行客户服务为例。AI 为银行客户端提供智能互动式语音应答（interactive voice response，IVR）语音导航、智能客服等服务。智能客服系统的 AI 智能机器人能够为客户提供文字、图片、语音、视频等形式的聊天和咨询服务。其具备一对多的智能交互能力，能够极大地提升银行的服务效率。

再以政务服务为例，如今，智能语音机器人在政务服务中并不少见。智能语音机器人融合 AI 语音识别、语义理解等技术，能够第一时间接通群众热线，以语音交互形式收集群众诉求，为群众答疑解惑。智能语音机器人的引入，极大地减轻了人工的负担，使政务接待更高效。

在商业模式上，AI 赋能企业经营。AI 帮助企业建立 ERP 系统，访问并分析系统数据，推动业务改进。AI 帮助企业改善业务流程，以无人机供应企业 Kespry 为例，Kespry 的航空智能 AI 平台能够提供用户所需要的关键信息，并对信息进行归纳和分析，从而加速业务运营。Kespry 的无人机 AI 系统能够自动收集采矿、建筑和保险数据。例如，在恶劣风暴天气过后，保险公司可以利用 Kespry 无人机评估建筑屋顶损坏情况，无须工作人员到现场调查。

同时，Kespry 评估的具体数据能够直接发送到云端，并通过 AI 计算机视觉进行数据分析，估算出保险公司需要理赔的具体金额。AI 推动商业模式进步，使企业的业务发展更加高效。

AI 技术为智能制造带来新机遇，推动了生产模式、服务模式、商业模式的智能化发展。未来，AI 将持续赋能数智化时代制造业的新发展。

5.3.3 生态创新：集群建设持续加码

基于生产模式、服务模式与商业模式的深刻变革，AI 技术能够进一步赋能产业生态，引领其实现创新发展。

产业生态的发展呈现出两大趋势：一是以平台为中心，整合 SDK、API 等 AI 技术资源；二是以场景为中心，提供个性化服务。

1. 以平台为中心

企业需要不断提升自己的通用和底层技术能力，利用自身在细分领域雄厚的技术积累搭建 AI 平台。例如，企业在语音识别、无人驾驶、计算机视觉等领域积累了丰富的技术经验，就可以构建一个"插座式"AI 平台。开发者可以在该平台上直接开发面向用户的 AI 系统，以及其他 AI 应用。目前，以平台为中心的产业生态处于高速发展阶段。

2. 以场景为中心

如今，智能园区、智能家居、智能办公等 AI 应用场景变得越发多元化。以智能家居为例，房屋智能控制系统通过 Wi-Fi、蓝牙等网络技术将各种家居单品连接起来，并通过 AI 技术生成更加人性化、智能化的交互模式，优化人们的家居生活体验。智能家居场景的构成要素包括智能音箱、智能空调、智能冰箱、智能电视、智能门锁、智能机器人等。

以智能门锁为例，居家生活的安全性非常重要，智能门锁的智能性体现在用户识别、危险预警、自动开关锁、可视监控等方面。依托自动传感器，智能门锁能够帮助用户检查门锁开关状态，并通过智能语音发出提示。

如果识别到用户忘记上锁，智能门锁会自动上锁。同时，智能门锁依托虹膜识别、指纹识别等技术，使用户开锁更加高效、便利。智能门锁为用户营造了一个高效、便捷的居家生活场景，给用户带来更加安全、舒适的居住体验。

随着 AI 技术的不断升级，AI 会不断融入更多平台和场景中，构建智能化新生态，使人们的生活更加安全、便利。

第 6 章
大数据：数据驱动实现智能生产

智能制造的发展伴随着大量数据的产生，如何利用数据赋能业务，是每一个推进智能化转型的企业都必须思考的问题。对制造业企业而言，工业大数据对业务的价值毋庸置疑。想要利用好这些数据，企业有必要搭建大数据平台和数据治理平台，确保各部门、系统科学有效地利用数据，在确保合规、安全的基础上，为业务创造更大价值。

6.1 工业大数据助力智能制造

大数据技术以规模庞大的数据集为分析对象，从中挖掘数据价值，赋能企业发展。对制造业企业而言，通过充分利用工业大数据的价值，企业能够实现个性化定制、智能化生产和精益化管理，提升整体竞争力。

6.1.1 个性化定制：数据驱动制造个性化

柔性生产是智能制造的重要内容与发展方向，它要求企业满足用户多元化、个性化的消费需求，实现"以需定产"。

为实现柔性生产，企业需要运用大数据技术实现产品的个性化定制。具体来说，大数据技术通常以数据分析平台为载体，收集海量的用户数据，包括用户的浏览记录、购买行为、社交媒体偏好、互动信息等。通过分析多种来源、多个维度的信息，平台能够生成精确的用户画像，包括用户的姓名、性别、年龄、职业、地域等基础信息，以及消费习惯、兴趣爱好、潜在需求等商业信息。

基于对用户需求的深度洞察，企业可以为不同的用户群体设计个性化产品或提供定制化解决方案。例如，在汽车制造行业，企业可以运用大数据技术分析用户的驾驶行为、行车路线以及车辆损耗情况，为用户设计更符合其驾驶习惯的汽车配置或提供个性化的驾驶解决方案。

值得一提的是，由于个性化定制产品的类别逐渐增多，软件定制服务逐渐兴起。特别是在专用设备设计与生产领域，由于专用设备搭载复杂的控制系统，且需要具备较强的数据处理能力，设备制造企业往往选择引入定制化办公软件，为用户量身定制设备控制逻辑、设计操作界面和数据分析模块，以满足用户的个性化需求。

6.1.2 智能化生产：数据驱动生产体系优化

对制造业企业而言，生产全流程中出现的数据具有极高的利用价值。如何挖掘、分析生产数据，为优化生产体系提供科学依据，已成为企业提升生产效率乃至整体竞争力的关键所在。

针对这一问题，大数据技术能够以制造执行系统（manufacturing execution system，MES）为载体，实现生产全流程数据的采集与分析，助力企业优化生产体系。

数据采集是 MES 的核心能力。通过在生产各环节部署的传感设备，

MES能够及时抓取生产线上的各项参数。此外，MES具有较强的适配性，能够根据生产场景、设备类型的变化，自动调整采集数据的种类与采集频率，确保数据的完整性和准确性。在此基础上，MES会对不同来源的数据进行清洗、合并和校准，完成预处理工作后再进行具体的分析。

基于丰富的生产数据，搭载数据分析算法的MES能够将数据背后的规律、趋势转化为清晰的图表或仪表盘，使管理人员迅速掌握生产动态，为生产体系优化提供科学的依据。

值得一提的是，MES在生产问题识别和预测分析方面表现出色。

一方面，MES能够自主分析关键生产指标的波动情况，迅速定位异常区间，将问题精确到具体的设备故障或人为操作不当，为管理人员分析、改进生产流程提供切入点。

另一方面，MES能够根据历史数据，通过机器学习预判设备故障、生产进度变化等，从而协助管理人员做好设备的预防性维护、调整生产计划，以避免供需失衡。

基于精准的数据分析，MES能够协助企业全面优化生产体系。具体来说，通过对订单情况、原材料库存以及设备状态等因素的综合分析，MES能够生成一份最优生产计划，管理人员可以据此调整任务分配，协调各环节人员与设备安排。在生产过程中，MES会及时识别、分析生产问题，给出改进意见并持续追踪改进效果。

综上所述，在生产环节，搭载了大数据技术的MES能够协助企业提高产能利用率和产品良品率，减少物料消耗，缩短交货周期，实现生产体系的全面优化。

6.1.3 精益化管理：工业全流程数据衔接与优化

除了助力企业实现个性化定制、智能化生产，大数据技术的应用还可以扩展到企业管理方面。通过挖掘与分析工业全流程数据，大数据技术能够助力企业提升在生产运营、管理决策等方面的洞察与优化能力。

工业全流程数据涵盖采购、生产、物流、销售、财务、管理以及用户行为等多个方面。大数据技术以 ERP、CRM、SCM 等系统以及传感器为载体，对大量的异构数据进行采集，并利用数据集成能力将其整合至统一的数据平台，形成企业专属的数据湖或数据仓库。

在数据集成的基础上，大数据技术结合先进的算法与模型，包括但不限于机器学习、深度学习、预测分析等，对相关数据进行深度挖掘和分析。这些分析结果能够帮助企业监控产品质量、识别生产瓶颈、预测市场需求以及评估供应链效益。

此外，通过关联分析、聚类分析、时间序列分析等数据挖掘技术，企业能够明确不同生产要素之间的关联性，发现生产要素的最优投入比例，从而优化资源配置，提高生产效率。

基于数据分析的结果，大数据技术能够促进研发、生产、销售、财务、人力等各部门业务的无缝衔接与高效协同。通过数据共享和实时反馈机制，各部门能够根据同一套数据作出决策，避免信息不对称导致沟通成本上升。例如，生产部门可以利用销售部门的数据调整生产计划；采购部门可以根据库存和生产需求优化采购策略，减少库存积压、资金占用等。

随着各部门协作频率的提升，企业还可运用大数据技术发现跨部门协作中存在的问题，去除冗余的协作程序，进而优化、重构组织形态。组织架构可以从金字塔形态转向更为扁平、灵活的形态，减少层级间信息传递的延迟和失真，使组织更加快速地响应市场和用户需求变化。

企业可以将大数据技术部署在云端，搭建云端数据集成平台，实现数据资源的弹性扩展和高效利用。该平台集成各种数据服务，能够实时分析业务数据，提供可视化报表和预警信息，帮助企业快速作出科学决策，提升企业的运营一体化能力和市场竞争力。

6.2 搭建大数据平台，挖掘数据价值

随着数字化时代的不断发展，大数据平台成为许多企业的核心基础设施。大数据平台以大数据技术为基础，具备数据采集、存储、整合、分析、可视化呈现等诸多功能，为企业作出战略决策、优化生产与供应链管理提供切实帮助。

6.2.1 核心功能：数据采集、整合、分析

作为承接与处理大规模数据集的平台，大数据平台的核心功能有三个：数据采集、数据整合以及数据分析。

1. 数据采集

数据采集是大数据平台的首要功能。在明确企业需要采集哪些数据的基础上，平台会生成详细的数据需求文档。根据数据需求，平台会深入挖掘多种数据来源，包括但不限于企业内部系统（数据库、日志文件等）、外部网络（社交媒体、公开数据平台等）以及传感器网络，抽取各种格式的数据，为后续分析奠定坚实的基础。

从采集方法来看，大数据平台的数据采集方法有以下三种：

（1）离线采集。具备数据仓库的企业多使用这种采集方法，通过提取、转换、加载（extract、transform、load，ETL）技术，根据不同的业务场景进行数据采集工作。

（2）实时采集。实时采集数据需要借助 Flume、Kafka 等实时数据流处理工具，适用于网络流量监控、股票记账或用户访问行为记录等场景。

（3）互联网采集。互联网采集需要运用网络爬虫、深层包检测（deep packet inspection，DPI）等技术，自动抓取互联网信息，包括文本、图片、视频等多种形式。

2. 数据整合

采集到的数据往往来源复杂、格式多元，数据间存在冗余和冲突，可用性有待提升。此时就要用到大数据平台的第二种核心功能——数据整合，对不同来源的数据进行预处理，提高数据的一致性。

在数据整合过程中，平台会用到数据连接技术、Hadoop 分布式文件系统（Hadoop distributed file system，HDFS）以及非关系型数据库（not only SQL，NoSQL）等。平台会先对数据进行清洗，去除冗余、无效数据，再将不同格式的数据转换为统一的格式，最后整合到数据仓库或数据湖中，便于统一管理与访问。

3. 数据分析

数据分析是大数据平台的核心功能，通过机器学习、统计分析等技术，从数据中提取高价值信息，为企业决策、业务优化、风险管理等工作提供支持。

具体来说，通过关联规则、聚类分析等算法和模型，平台能够发现数据背后隐藏的模式或规律。通过回归、分类、自然语言处理（natural language processing，NLP）等算法，以及假设检验、方差分析等统计学原理与方法，平台能够根据现有数据描述、推断或预测发展趋势，并以图像、动画等方式直观展示数据特点、规律或趋势。

综上所述，大数据平台的三种核心功能为企业战略制定、业务流程优化等工作提供科学的支持，助力企业长远发展。

6.2.2 核心作用：决策支持+生产优化+供应链优化

在具体应用层面，大数据平台之于企业的核心作用有三种：支持决策、优化生产以及优化供应链。

1. 支持决策

通过收集、整合与分析数据，大数据平台能够为企业开发产品、制定营销策略以及应对风险提供数据支持。

具体来说，平台会对市场趋势、用户行为以及竞争对手动态等数据进行分析，从而预测市场需求走向，为企业开发产品指明方向。同时，通过分析用户的购买历史、对企业产品的评价以及社交媒体反馈等数据，平台能够分析出用户的需求和偏好。企业可据此为用户推送定制化的产品或服务信息，提高用户满意度，增强用户黏性。

此外，平台可以通过数据分析帮助企业识别潜在的市场风险、运营风险等，并预测不同风险发生的可能性和影响程度，协助企业制定应对策略，防患于未然。

2. 优化生产

大数据平台在企业生产环节发挥的作用毋庸置疑，例如，帮助企业优化生产流程、改进生产工艺、预测设备故障和维护需求，以及优化人力、设备、原材料等资源的配置等。

3. 优化供应链

大数据平台不仅可以应用于企业内部,还能跨越企业边界和行业壁垒,为供应链管理的深度优化和供应链上各企业的协同合作提供有力支持。具体来说,大数据平台为供应链管理提供的帮助体现在以下三个方面:

(1)高效的信息流通与共享。大数据平台汇集制造商、供应商、经销商等多方参与者提供的数据,方便各企业及时掌握生产与物流配送进度并调整业务计划,避免信息不对称造成库存积压、供应不足等问题。

(2)做好风险管理。供应链上汇集了多方参与者,因而存在各种运营风险。大数据平台能够对供应链上各环节、各参与者的数据进行全面分析,评估潜在风险,协助企业制定防范策略,确保供应链稳定运行。

(3)实现供应链可持续发展。大数据平台能够对供应链上各方的资源利用情况进行分析,给出优化资源配置的建议,协助企业降低能耗和污染,共同构建绿色供应链。同时,大数据平台也为供应链上的企业提供了一个深度交流的空间,有助于各方建立更为紧密的合作关系,促进资源互补、发现新的战略机会点,实现共同发展。

综上所述,大数据平台具有极高的应用价值。对制造业企业而言,为了制定更为科学的决策、提高生产效率、与供应链上的合作伙伴实现共赢,搭建大数据平台刻不容缓。

6.2.3 三步走搭建一站式大数据平台

目前,不少企业着手搭建一站式大数据平台,通过数据汇聚、共享与分析,提升决策与部门协作效率。搭建一站式大数据平台的步骤如图 6.1 所示。

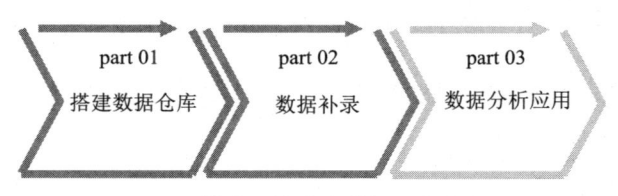

第 6 章　大数据：数据驱动实现智能生产　　91

part 01　搭建数据仓库
part 02　数据补录
part 03　数据分析应用

图 6.1　搭建一站式大数据平台的步骤

1. 搭建数据仓库

数据仓库是平台进行数据分析和支持决策的基础，通常分为四层。

（1）数据源层。该层级包含企业的人力、财务、生产、设备、办公自动化（office automation，OA）、党建等各部门、项目与系统的数据，通常以谷歌网页工具包（google web toolkit，GWT）数据库连接、API、文件等形式，与各部门系统相互连接。

（2）操作数据存储（operational data store，ODS）层。该层级存储从各部门系统中抽取的原始数据。

（3）整合层。原始数据在经过清洗、合并等工序后，会分主题存储在该层级。整合层数据主题通常分为生产管理、财务管理、劳务人员管理、设备管理、商务管理等。

（4）集市层。该层级存放面向特定业务领域或部门的数据，能够满足特定的业务需求。

基于上述四大层级，数据仓库建设共分为五步。

（1）调研分析。对各部门业务需求进行调研，明确数据仓库各层级涉及的内容。

（2）设计逻辑模型。包括设计数据交叉表、概念模型以及专有模型。

（3）设计物理模型。包括物理模型命名、索引与分区优化以及数据生命周期管理等工作。

（4）数据映射。将来自各部门的海量数据迁移、集成到数据集市。

（5）ETL 开发测试。借助 ETL 工具，对数据仓库的物理架构、各个模块进行开发、测试与性能优化。

2. 数据补录

数据补录是对数据仓库的完善，具体可分为两个步骤。

（1）通过接口采集、填报采集、实时采集、互联网采集等技术手段完善数据仓库。这里需要注意，填报采集以业务人员录入的数据为来源，企业有必要为业务人员搭建数据补录平台。该平台应当具备设计、工程、成本、财务等各种类型的标准化填报表，能够对填报数据进行规范化审核、上报与入库。

（2）搭建数据中心。这是各部门登录大数据平台的统一入口，具备数据汇聚与共享、业务协同、辅助决策等多项功能。

3. 数据分析应用

基于不同的业务属性与部门需求，大数据平台应当具备 5 种数据分析应用模式，为企业各部门、项目提供支持。

（1）数据模板。该模式主要针对财务、人力等指标较为固化的部门，为业务人员提供定制化数据模板与自助查询功能，方便各部门员工查询、编辑相关数据。

（2）固定报表。该模式多为生产部门而设计，提供清晰、简易的查询参数（机构、日期等）与报表模板，便于生产人员查询、呈报日常生产情况。

（3）即席分析。该模式为支持企业决策而设计，方便相关人员灵活查找现有数据，辅助其进行实时分析，发现数据背后的趋势或规律。

（4）PC报表。该模式支持员工设计复杂的综合表格，具备明细查询、高级查询、结果编辑等功能，并以图表、交叉表等形式呈现内容。

（5）大屏端分析。该模式要求大数据平台与其他商业智能（business intelligence，BI）工具连接，以大屏幕为呈现载体，形成决策驾驶舱或仪表盘，将企业经营管理与风险情况直观展现在领导者面前，辅助其进行决策。

综上所述，搭建通用一站式大数据平台可遵循以上三大步骤。企业需要结合自身业务属性、发展现状与预算情况进行适当调整，确保此类平台能够为企业业务发展提供切实的帮助。

6.3　数据治理：规避数据应用的安全问题

数据治理是以应对外部监管、管控内部风险、赋能业务发展为需要，对企业数据资源及相关人员的数据应用行为进行的一系列管理活动，确保数据资产的安全性与高质量。随着智能制造的发展，企业的数据体量越发庞大，企业亟须建设科学的数据治理体系，搭建数据治理平台，在科学管理数据的同时，充分发挥数据价值。

6.3.1　建设数据治理体系

数据治理体系是从战略、组织、制度、工具等多个维度对企业数据进行集中管理，使数据价值得到充分利用的一系列动作集合。建设数据治理体系，企业需要把握六个关键点，如图 6.2 所示。

技术工具与管理重点配套

统筹考虑质量提升

体现业务价值

建立规范机制

管理组织专业化

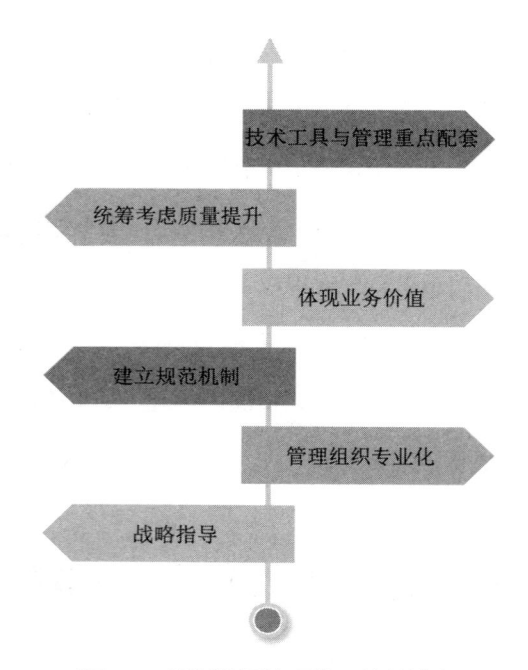

战略指导

图6.2 建设数据治理体系的关键点

1. 战略指导

数据治理的目的是通过有效的管理发挥数据的价值，从而推动企业业务发展、数字化转型等。因此，企业要根据战略需要建设数据治理体系，保证数据治理方向的正确性。

2. 管理组织专业化

建设数据治理体系需要由专门的组织统筹协调各项工作。企业有必要设置专门的职位主导数据治理体系的搭建工作，关键是要获得管理层的支持。有了专业化的管理组织，企业才能够形成合力，高效地开展数据治理体系的搭建工作。

3. 建立规范机制

数据治理体系应当与企业的日常运营以及信息化建设相结合。为此，数据治理体系中应当包含具体的治理规范，包括数据治理的制度、流程、考核标准等，由此形成常态化的数据治理生态。

4. 体现业务价值

数据治理需要体现出业务价值，这样才能够让企业看到效果，从而持续进行数据治理。因此，企业需要把数据治理体系中的数据治理管理、数据安全管理、数据共享等方面与业务紧密联系起来，从而优化业务流程，降低业务成本，提升业务运转效率。

5. 统筹考虑质量提升

数据质量管理是数据治理体系的重要组成部分。运营过程中产生的数据较多，企业难以通过一套质量管理策略对所有数据进行评估。基于这种情况，企业要有所取舍，优先关注战略数据、财务数据、市场数据等关键数据，将有限的资源投入到重点数据的质量提升及治理工作上。

6. 技术工具与管理重点配套

建设数据治理体系是一项全面且持续的工作，需要数据质量、数据安全、数据资产等相关技术工具的支撑。而企业把全部工具配备齐全需要耗费大量资金，因此，企业需要在综合考量战略规划、业务重点等因素的基础上配备关键技术，以节省成本。

综上所述，建设数据治理体系是一项庞大的工程，企业要结合业务属性、发展现状与资金情况，逐步建立数据治理体系，并在发展过程中不断完善。

6.3.2 搭建数据治理平台，助力业务决策

基于明确的数据治理体系，企业需要搭建数据治理平台，实现自动化、标准化的数据开发与管理，提高数据应用效率。由于企业的业务属性、发展

阶段不同，因此数据治理平台的建设不能一概而论。但究其共性，一个合格的数据治理平台应当具备五个模块。

1. 组件化应用

数据治理平台应当提供各种组件，便于企业快速搭建数据生产线，缩短数据模型开发周期，提升开发质量。

平台组件通常分为三类：一是功能组件，包括数据采集、处理、加载、分发、校验等组件；二是管控组件，此类组件用于约束、规范数据模型开发人员的工作，包括命名规范、元数据完整性、余度限制、危险操作控制、质量规则等组件；三是模板组件，此类组件为开发人员快速建立数据模型提供便利，包括HDFS、Hadoop数据仓库系统（Hive）、Spark等模板。

2. 元数据管理

数据治理平台应具备元数据管理功能，以支持数据获取、模型开发及管理。在数据获取与模型开发方面，该平台应允许开发人员提取技术元数据和业务元数据，并支持元数据前向获取，即开发人员可以在模型开发的过程中收集相关元数据。

在模型管理方面，该平台应具备模型设计、元数据填充以及血缘分析（分析不同数据在其生命周期中与其他数据的各种关系，类似于人类社会的血缘关系）等功能。

3. 数据处理

数据治理平台应具备根据数据生产环境的变化，辅助开发人员扩展符合业务需求的数据处理技术的功能。例如，基于结构化查询语言（structured query language，SQL）的数据处理、类SQL数据处理、基于Spark的数据处理、流处理等。

4. 质量管理

数据治理平台应当具备覆盖数据模型全生命周期的数据质量管理功能，即从模型设计、开发到上线运行，对各环节的数据获取、加工和输出进行监控。

5. 统一调度

针对不同应用场景的模型开发工作，数据治理平台应当根据元数据的血缘关系对不同的模型开发任务进行统一调度，确保各项数据从产生到消亡的血缘关系始终保持一致性。

数据治理平台是企业有效管理数据资源、驱动业务发展的关键系统，其与大数据平台互为依托，共同助力企业发展。

6.3.3 华为：高效、系统的数据治理方案

作为世界知名的科技型企业，华为在信息化发展初期为不同业务线建立了专属的信息系统和数据库。随着各条业务线不断发展，各信息系统相互独立的弊端逐渐显露出来——由于各系统语言不统一、数据不互联，经常出现同一数据被反复录入或信息录入有误的现象。种种问题限制了各业务线的运营效率，华为急需一套科学、系统的数据治理方案，以高效管理数据资产。

1. 数据治理规划

针对数据治理，华为作出了四点规划：

（1）基于数据管理规则确保源头数据的质量，构建一个完整、一致的数据湖。

（2）强化数据对业务的驱动效应并加强数据连接，以数据服务的方式满足业务部门的数据诉求。

（3）针对系统中汇集的海量数据，要确保数据的安全性。

（4）不断推进业务数字化，提升数据采集能力，降低数据录入成本。

2. 数据治理体系

基于上述规划，华为建立了业务负责制的数据治理体系。该体系是华为数据治理实践经验的结晶，主要包括以下两个方面：

（1）任命数据 Owner 和数据管家。数据 Owner 是企业数据文化的营造者、数据战略的制定者、数据争议的裁决者和数据资产的所有者。数据 Owner 拥有数据管理的决策权。各级流程 Owner 在数据 Owner 的领导下负责所管理流程域数据体系的建设和完善。数据管家是数据 Owner 的助手，负责执行数据 Owner 所作出的数据管理决策。

（2）建立数据管理组织。数据管理组织主要负责代表企业制定数据管理流程、政策、方法，建设数据管理支撑系统，制定并监控数据管理规划的落实。同时，数据管理组织需要建立并维护企业信息架构，披露数据问题，以提升企业数据管理能力，加快企业数据文化的传播与发展。

为落实数据管理目标，华为规定各业务领域要成立实体化的数据管理组织，承接并落实数据管理责任。同时，各业务领域的数据管理组织要定期向企业数据管理部汇报数据管理问题，遵从企业数据管理政策，按照统一的数据管理流程和要求进行数据治理。

华为对数据治理工作作出了明确的规范，充分确保了数据治理工作的客观性、科学性和合理性。通过这些措施，华为致力于提升数据的可用性和实用性，更好地保护与利用数据资产，以此加快数智化发展和转型升级。

第 7 章
物联网：智能连接搭建智造基石

物联网以信息传感设备为载体，根据约定协议将物体与网络相连接，使物体通过信息传感设备进行信息交换，从而实现对物体的智能化识别、跟踪与监管。工业制造涉及大量复杂的生产设备，物联网能够实现企业设备与系统的互联互通，为智能制造稳步发展提供有力的技术支撑。

7.1 解析物联网

物联网以五大技术为核心，助力企业搭建设备互联的制造网络，提高生产智能化水平。目前，不少科技企业研发智能物联网平台，助力制造业企业实现数智化转型升级。

7.1.1 五大核心技术推动物联网发展

物联网使万物互联成为现实，而这一强大能力的实现离不开五种核心技术的支持，如图 7.1 所示。

1. RFID

RFID 是一项通过无线电信号对特定目标进行识别，并能够对该目标的相关数据进行读写的智能技术。RFID 技术能够对多个物品进行自动识别，具有无接触性、无磨损、识别能力强、全天候等优点。RFID 技术与互联网、移动通信等技术相结合，可以实现对万事万物的跟踪与信息共享。

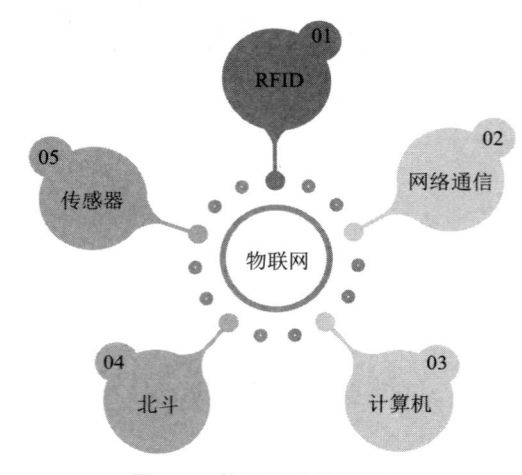

图 7.1　物联网的核心技术

目前，RFID 技术已经成熟，应用成本逐渐下降，被广泛应用于物流管理、电子收费、身份识别等场景。

2. 网络通信

网络通信技术包括 5G 通信、无线通信、机器通信（machine to machine，M2M）等技术。在不同的应用场景中，这些技术能够发挥不同的作用。

例如，在远程医疗、智慧家居、智能汽车等应用场景中，5G 通信技术能够赋能智能设备，优化智能设备的使用体验；在智慧农业的灌溉环节，远距离无线通信技术能够实现自动化灌溉，节省大量人力物力；M2M 技术能够实现系统、机器与人之间交互化、智能化的无缝连接，使三者能够流畅、高效地通信或互动。

3. 计算机

计算机技术在物联网中得到了广泛应用，例如，在气象监测站中，传感器监测到的数据能够自动上传到云平台。物联网源自计算机技术，而计算机技术又依托于物联网实现进一步发展。

4. 北斗

北斗能够对海、陆、空进行实时三维导航与定位。在具体应用场景中，北斗通常与无线通信技术相结合，进而在智能化物流、交通等领域实现全球定位。

在汽车导航领域，北斗实现了广泛应用。在互联网时代，北斗能够帮助用户获取路况信息，自动优化路线，提供更加便捷的驾驶体验；在物联网时代，北斗能够为用户提供更加智能的服务，如行驶路线监控、道路拥堵情况分析、超速报警、加油站分布等。

5. 传感器

如果将物联网比作人体，那么RFID技术就是"眼睛"，网络通信技术是"血管"，计算机技术是"大脑"，GPS是"细胞"，而传感器技术则是"神经系统"。传感器技术能够帮助物联网收集外界的一切信息，并将其传递到云平台进行快速处理。

传感器技术在不同领域有着不同的应用形式，如工业领域的温湿度变送器，智慧农业领域的风速与风向传感器、二氧化碳温湿度传感器、土壤酸碱度（pH）值变送器等。

物联网的应用范围十分广泛，几乎覆盖全行业以及各细分领域。不管是环境监测、物流运输还是商业金融，物联网都能助力其进行数智化转型升级，进一步提升全行业的智能化水平。

7.1.2 核心价值：搭建设备互联的制造网络

对制造业企业而言，物联网的核心价值在于实现生产设备的互联互通，以高效协同的制造网络助力企业提高生产效率，满足市场需求。基于物联网的三个层级，以该技术为核心的制造网络架构也相应地分为三层。

1. 感知层

作为制造网络的基础层级，感知层负责实时采集生产线上各种设备的数据，包括但不限于环境参数、设备运行状态、生产进度等，为上层运作提供原始数据。在这一层级，企业需要在生产设备上部署传感器、RFID标签，并建立数据采集系统。

传感器分为压力传感器、温度传感器等多种类型。其能够将温度、压力等不易被测量与传输的非电量参数转化为电量参数，为上层系统提供准确、可测量的原始数据。

在某些生产场景中，企业需要用到RFID标签，对部分生产设备进行自动化识别、追踪与定位。数据采集系统搭载PLC或数据采集卡，用于收集传感器与RFID标签获得的数据，并对其进行初步处理。

2. 网络层

作为连接感知层与应用层的桥梁，网络层负责对感知层的原始数据进行预处理，并确保数据可以顺利传输至应用层。该层级需要用到无线、有线通信技术。设备间短距离的数据传输通常采用Wi-Fi、蓝牙、ZigBee（紫蜂协议）、LoRa等无线通信技术。如果需要进行长距离传输，则会用到5G网络或定制化无线网络解决方案。

如果数据传输的要求较高（如关键设备的数据传输），企业也会利用以太网、光纤等有线通信技术，以确保数据传输的稳定性。

同时，为确保数据传输安全可靠，企业会根据生产车间的实际情况设计网络拓扑结构，并通过身份验证、访问控制等技术手段防止数据泄露。

3. 应用层

该层级负责深入分析网络层传输而来的数据，利用先进的算法和模型为企业生产决策提供高价值信息。同时，该层级配备用户交互界面，便于各项数据的可视化呈现，可以协助企业进行生产监控、设备维护、故障诊断等工作。

在应用层，物联网与云平台、大数据平台、MES、ERP 等系统深度融合，对海量生产数据进行实时分析，从而提高生产智能化水平。

7.1.3 用友：智能物联网平台助力制造

作为企业软件与云服务提供商，用友紧跟智能制造趋势，推出 AIoT 智能物联网平台。该平台深入 B2B 领域，旨在赋能制造业企业实现数字化、智能化转型升级。

总体来说，用友 AIoT 智能物联网平台是一个连接业务系统和工业设备的中间系统，旨在打破数据孤岛，实现企业各层级业务的数智化整合。该平台能够持续迭代，使企业底层数据实现持续性集成与融合，助力企业打造松耦合的应用服务，使企业设备以及生产过程更加智能化、精益化。

具体来说，用友 AIoT 智能物联网平台主要具备三项功能。

（1）该平台能够实现工业设备的互联互通以及数据的自动化采集与存储。该平台能够定义设备模型，将待连通的设备模板化，并在模板中设置相应的通信接口、协议、参数等，减少大量的重复性工作。在此基础上，该平台会根据设备的实际网络地址选择连接通道,进而实现数据自采集、设备自发现、实例自生成以及驱动自匹配。

(2)该平台搭载数据可视化编辑工具,提供基础图形、图表、多媒体视频等丰富的图元组件,使数据以可视化的方式呈现。企业可通过拖拽的方式实现对现场监视画面的编辑。同时,该平台能够将图元组件与设备运行中的数据进行绑定或关联,使现场监视画面呈现动态化效果。

(3)该平台内置规则引擎,能够推动数据的流转和加工。规则引擎的作用在于,能够制定数据处理规则,使用户按照实际业务逻辑进行可配置化编程,使数据能够在采购、生产、营销、人力资源等不同的业务流程中自由流转。

用友的AIoT智能物联网平台是工业领域数字模型与物理设备实现连接的纽带。通过知识沉淀、泛在连接、数据智能和可视化呈现,该平台积累了独特的优势,在智能设计、智能产品、智能工厂、智慧工地等泛工业领域得到广泛应用。

7.2 物联网落地制造,驱动制造变革

对制造业企业而言,物联网与产品生产过程深度融合不仅能够提升生产效率,更能提高产品质量检测与溯源能力。基于此,企业能够提升整条供应链的协同水平,进一步优化制造生态。

7.2.1 生产过程优化:设备互联助力生产

物联网能够实现设备互联互通,为企业生产过程持续赋能,实现生产过

程的全面监控与调度优化。

首先,通过多种类型的工业传感器,物联网能够采集各类生产数据,如能耗情况、产品生产进度等,并将其整合至数据中台。全面的数据采集有助于企业感知生产全貌,及时发现生产过程中的问题。例如,根据设备运行参数预测设备故障,制订维护保养计划;根据产品质量数据发现质量问题,及时进行质量控制等。

其次,物联网与大数据、云计算以及各种智能算法相结合,能够为企业优化生产流程提供科学的依据。例如,物联网与大数据技术结合,可以分析设备状态和产品良品率之间的关联,从而明确影响产品质量的核心因素;物联网与机器学习算法结合,可以预测设备故障可能性与发生时间,提前做好维护,避免生产中断,降低维修成本。

最后,基于全面的数据采集与智能分析,物联网能够协助企业进一步优化生产工艺与生产计划,提高生产灵活性与车间/工厂的节能减排水平。

在生产工艺方面,通过对原材料消耗情况的监测和分析,物联网能够帮助企业明确产品加工工艺的改进方向,进而降低能耗。例如,一些钢铁企业通过各种传感器与通信网络对产品加工的温度、宽度与厚度进行监控和优化,从而提升产品质量。

在生产计划方面,物联网能够对原材料、人力、设备等资源进行全面管理,合理安排生产任务,优化资源配置,并通过高效的调度算法及时调整生产计划,确保生产任务圆满完成。

综上所述,物联网与多种设备、技术相结合,能够优化生产过程,提升企业生产效率与总体竞争实力。

7.2.2　助力质量管理：质量监测与问题追溯

在质量监测方面，物联网与高精度传感器、数据可视化工具以及预警和报警系统相结合，能够确保产品质量持续稳定。

1. 部署在生产线上的各种高精度传感器能够实时、准确收集各种关键参数

这些数据不仅限于温度、湿度等传统的物理量，还可能包括图像、声音等多维度信息，为产品质量分析提供丰富的数据源。

这些数据会被传输至数据中心，通过大数据技术进行快速处理，从中提取有价值的信息，如生产异常数值、质量波动趋势等，并通过仪表盘、热力图等数据可视化工具展现出来。

基于此，管理人员可以直观地了解生产线的实时状态、产品质量情况以及关键指标的变化趋势等，进而快速识别问题、评估生产效能，有针对性地优化生产参数。同时，物联网与AI算法相结合，还能为企业提供预测性维护建议，企业可以提前制订维修计划，减少停机时间。

2. 预警与报警系统是物联网在质量监测方面的核心应用之一

当传感器检测到数据超出人工设定的质量指标阈值或出现异常波动时，系统就会自动触发预警机制，通过电话、短信或即时通信工具通知相关人员。

部分先进的预警与报警系统还能实现自动化控制，如自动调整设备参数、暂停生产线等，以防止残次品出现，由此确保产品质量的一致性。

在问题追溯方面，物联网以产品标识码和用户互动平台为载体，帮助企业实现产品全生命周期追踪，提升品牌信任度。

一方面，通过为每个产品设计专属标识码（如RFID标签、二维码等），企业能够记录产品在生产、仓储、运输等各个环节的信息，如原材料来源、生产批次、操作人员、检验记录、运输轨迹等，从而形成完整的产品追溯链条。

在食品、药品等高度敏感的领域，物联网的问题追溯能力对于确保产品安全、满足法规要求至关重要。通过产品全生命周期追溯，企业可以更加高效地应对监管机构的检查，在产品出现质量问题时快速定位问题源头，从而精准召回或实施改进措施，有效降低合规风险、避免声誉损失。

另一方面，通过建立用户互动平台，用户可以自主扫描产品标识码，查询产品生产日期、生产地点、质量检测报告等详细信息。高度透明的产品信息既能增强用户对产品、企业的信任感，更能为企业改进产品、优化服务提供重要依据。

7.2.3 促进供应链协同，提升制造效率

对供应链上下游企业而言，物联网技术的应用能够帮助其搭建供应链协同管理平台，实现链上各企业内部信息的整合、企业间信息交换和共享以及整条供应链的信息同步，从而提升供应链协同合作的效率。

物联网具有高并发性，能够满足大量设备同时连接、采集与交换数据的需求。这一特性使其能够迅速收集企业内外部数据，并将其汇总至供应链协同管理平台。这样一来，各企业能够第一时间了解原材料、产品、供应链以及市场情况，从而及时了解合作伙伴与用户的需求，并进行有效沟通，实现业务协同。

在信息共享的环境中，企业对信息获取的实时性和丰富性要求会逐渐提高。供应链上的各企业需要及时了解市场行情变化、关注上下游伙伴的情况，以及时应对用户需求的变化。

物联网的突出优势在于，其能够从各种基础设施上实时收集海量的信息，通过大规模传感网络传输至云端进行处理，为企业决策提供数据支持。不仅如此，物联网的海计算模式使物质具备自组织、自计算与自反馈等特性。在此基础上，供应链各环节的企业能够通过局部交互提升群体智能，缩短各环节信息传输路径，提升信息处理能力，从而避免信息失真引发"牛鞭效应"。

基于高效的信息共享，各企业能够对供应链协同管理产生全面感知，从而加深与链上其他企业的互动，提升业务与管理协同水平，进一步提升制造效率。

7.3　物联网新发展，拓展制造发展空间

随着 AI 与工业通信技术的不断发展，物联网与二者的融合更加深入并持续进行迭代，进而拓宽技术应用范围与制造业发展空间。

7.3.1　与 AI 技术融合，拓宽应用范围

在实现物物相连的同时，物联网与 AI 技术的深度融合成为其迭代的主流方向。在 AI 技术的加持下，以物联网为核心的系统与设备能够提升数据集成水平和自动化能力，物联网的应用范围也得到进一步拓展。

首先，物联网与 AI 融合能够赋能数据处理。物联网以设备传感器为载体，从现实世界中收集大量的实时数据，包括环境条件、设备状态以及用户行为等。AI 具备机器学习、深度学习等算法，能够在数据分析方面为物联网提供支持。

例如，通过分类算法识别用户的行为模式，通过回归分析预测设备出现

故障的时间，通过卷积神经网络（convolutional neural networks，CNN）、循环神经网络（recurrent neural networks，RNN）提升设备的图像、语音识别能力，实现更加智能的人机交互。

其次，以物联网为核心的设备会根据人工设定好的规则来执行任务，但AI能够提升其智能化水平，使设备更快地适应生产场景并作出精准的决策。例如，在智能工厂中，AI可以分析物联网收集的设备数据，调整设备参数甚至预测维护需求，进而最大限度地延长设备使用寿命，减少停机时间。

最后，物联网的发展伴随着安全问题，而AI技术能够提升物联网的安全水平。通过持续监测设备的运行状态，AI可以及时发现安全漏洞或系统故障，通过实时威胁检测保护个人及企业网络，确保物联网应用的可靠性。

在AI技术的辅助下，物联网技术得以不断迭代，从而应用于智慧城市、医疗保健以及智能家居等领域。

在智慧城市领域，物联网技术能够收集车辆拥堵情况、空气质量、废物排放等数据。通过分析这些数据，AI给出优化交通流量、降低能耗等方面的建议，进而自动调整物联网设备，提升城市管理与公共服务水平。

在医疗保健领域，物联网技术能够应用于患者病情远程监控。通过可穿戴物联网设备，医疗专业人员能够实时追踪患者的生命体征，并通过AI分析预测病情变化，进而更加及时地干预治疗，获得更好的治疗效果。

在智能家居领域，诸如亚马逊的Alexa、谷歌的Google Assistant等虚拟助手可以和照明系统、恒温器等物联网设备相连接。用户可直接通过语音命令控制相关设备，同时还能收到来自AI算法的个性化推荐。

综上所述，物联网技术与AI技术深度融合催生更多创新应用，拓宽了物联网的覆盖范围，为人们的生活与工作带来更多便利。

7.3.2　工业无线通信优化物联网应用

工业无线通信即面向工业场景，利用无线信号实现信息传输的技术，具体包括 Wi-Fi、蜂窝通信、低功率广域网络（low-power wide-area network，lPWAN）、ZigBee、蓝牙以及近场通信（near field communication，NFC）等。它们与工业物联网相结合，为智能制造发展提供技术支持。

1. Wi-Fi

Wi-Fi 具备高速传输数据的能力，尤其适用于需要快速响应并处理大量数据的制造场景。在工业环境中，Wi-Fi 常用于连接同一工厂内的机器、传感器以及控制系统，以更高的数据传输速率、更低的延迟以及更强的安全性助力工业通信。

2. 蜂窝通信

蜂窝通信主要指 4G 和 5G 网络。目前，工业物联网领域特别关注 5G 技术的引入。该技术具备极高的数据传输速率与大规模设备连接能力。其与工业物联网相结合，使设备远程监控、自动控制与边缘计算成为现实，进而支撑智能制造生态。同时，5G 网络具有可切片性，制造业企业可根据不同的工业需求实现网络资源的定制化收集与应用，从而保障工业通信的稳定性。

3. LPWAN

在通信范围较广但能耗要求严格的工业场景中，LPWAN 具有极高的价值。该技术能耗较低，适用于大规模工业设施的跨区域无线通信。应用该技术进行通信的设备可在数年间使用同一电池，设备的维护成本大幅降低。

4. ZigBee

ZigBee 具有较高的可扩展性与灵活性，适用于低功耗的小型设备通信。

同时，其支持创建稳定的自组织、自愈网络，能够适应不断变化的工业生产环境，提高设备通信效率。

5. 蓝牙和 NFC

蓝牙和 NFC 都是为短距离通信而生的技术。在工业物联网中，蓝牙可用于设备定位、设备间数据共享以及构建小型网络。NFC 则用于设备安全认证与设备追踪。

在选择工业通信技术时，制造业企业需要综合考虑数据传输距离、传输速率、节点数量、能源消耗、传输成本和安全性等因素。随着工业通信技术的不断进步，工业物联网将帮助企业构建更加智能化的生产流程，提高生产效率和产品质量，从而推动企业长远发展。

7.3.3 通用电气：Predix 助力设备安全运营

作为一家涉足工业、航空、金融等多个领域的跨国企业，通用电气紧跟智能制造发展趋势，在智能生产方面积极创新。Predix（普锐迪克斯）是其研发的一款工业互联网软件产品，也是其力推的新型物联网平台。

Predix 可以对机器进行数据分析、预测与诊断，其最大的特点是可以在云环境中与各种应用和服务无缝连接。简单来说，Predix 像一款制造领域的云应用，专门进行工业数据开发与分析，监控设备状态，动态捕捉数据，让数据分析更精准、效率更高。

以飞机发动机诊断为例，一般来说，飞行参数越多，地勤系统越容易判断发动机的工作状态和可能出现的问题，而通用电气每台发动机的飞行参数约有 480 个。

在应用 Predix 之前，通用电气主要依靠工程师团队进行检测工作。虽然工程师拥有丰富的经验，能够判断并处理问题，但很难整合不同发动机的复杂数据并快速预测整个机队的发展趋势。

Predix 的优势在于其能够根据运行环境（如干旱、高温等）有针对性地调整每台发动机的预警参数。例如，一台发动机在干旱条件下运行，而另一台发动机在正常环境下运行，Predix 平台会将影响因素全部纳入考量范围，对每一台发动机进行具体分析，适当调整预警参数。

Predix 可以处理上亿条数据，这些数据来自通用电气规模庞大的发动机机队。Predix 根据数据的异常程度划分警告等级。1 级异常事件没有得到及时处理将会变为 2 级异常事件，由发动机团队中的专家处理。一些极端异常事件的级别会被提升至 3 级，这些事件只能由发动机的制造工程师解决。

对于异常事件的警告，Predix 有两种处理方式：一种是经过分析，一切正常的话，不给出任何处理结果；另一种是发出用户通知记录单（CNR）。

早前，Predix 发出了大约 35 万条警告信息与 9 000 份 CNR，其中 86% 的 CNR 具有极高的准确性。在该平台中，CNR 的数量不断增加，但虚警率持续下降，说明其通过预测发现的问题越来越多，风险与损失在不断减少。

除了进行大数据分析工作、针对结果发出警告外，Predix 还向在线实时分析方向发展。在商用方面，通用电气已经宣布向所有企业开放 Predix，旨在使其成为工业互联网的行业标准，可见其广阔的应用前景。

第 8 章
云计算：制造上云带来跨越式发展

云计算在制造领域的应用能够助力制造上云，推动智能制造实现跨越式发展。云计算通过提供弹性的计算资源和存储能力，帮助制造业企业根据实际需求调整资源分配，提高资源利用率。同时，云计算与大数据、AI 等技术的融合，也能够进一步加速智能制造的发展。

8.1 拆解云计算

作为一种基于互联网的计算方式，云计算为制造业的发展带来了新动力。下文将拆解云计算的分类与服务以及优势，挖掘云计算为智能制造带来的机遇。

8.1.1 云计算分类与多样化服务

云计算能够为用户提供按需即取的计算资源和服务。从部署方式来看，云计算可以分为三类，如图 8.1 所示。

1. 公有云

公有云是一种被个人用户和企业用户广泛采用的云基础设施，它通过第

01 公有云
02 私有云
03 混合云

图 8.1　云计算分类

三方供应商为用户提供可以通过网络访问的虚拟环境中的服务器空间。用户可以通过购买数据存储空间、云服务器等与云有关的服务来访问服务器空间，如阿里云、腾讯云和百度云。

2. 私有云

私有云是专为特定用户或企业构建的云服务环境，旨在保障数据安全并提升服务质量。私有云主要面向企业用户，这些企业通常拥有自己的基础设施，并且能够控制在这些基础设施上部署应用程序的方式。

3. 混合云

混合云是公有云与私有云两种部署方式的结合，具有高度可扩展性、近乎无限的存储容量、极高的安全性与灵活性。出于安全考虑，很多企业不会将所有信息都存储在公有云上，因此混合云成为最优选。

从所提供的服务来看，云计算能够为企业提供多样化的服务。

（1）基础设施即服务（infrastructure as a service，IaaS）。IaaS 可以为企业提供虚拟服务器、网络、数据存储的基础架构，确保计算具有灵活性、可靠性。IaaS 是一项按照使用量付费的服务，可以作为共有、私有或者混合基础设施供企业使用。

（2）平台即服务（platform as a service，PaaS）。PaaS 可以帮助企业快

速构建高性能的应用程序。同时，PaaS 解决方案具有可扩展性，允许多个开发人员在同一个业务环境中构建、调试、部署和更新应用程序。

（3）软件即服务（softwara as a service，SaaS）。SaaS 允许用户通过网络远程访问并运行应用程序，无须在本地计算机上安装这些软件。SaaS 服务的核心在于，应用程序和数据都存储在服务提供商的远程计算机上，这些计算机由专业人员操作和维护，确保了应用程序和数据的高可用性和安全性。

云计算基于强大的能力为企业提供多样化的服务，便于企业根据需求选择适合自己的服务模式。这能够为企业的运营、创新提供强大的技术支持。

8.1.2 云计算的四大优势

云计算基于多方面的优势，能够为企业的智能化发展提供强大助力。具体而言，云计算具备四大优势，如图 8.2 所示。

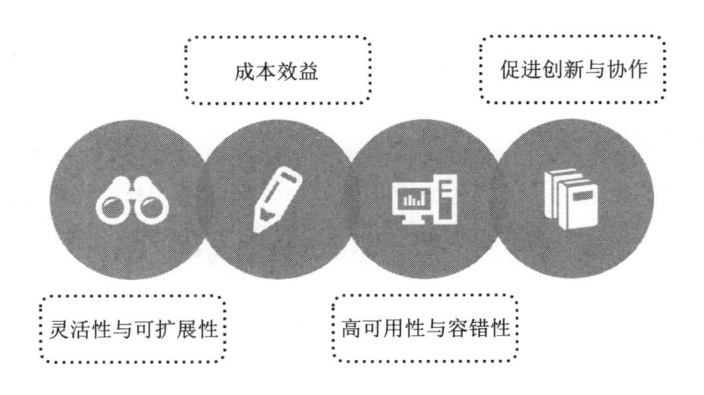

图 8.2 云计算的优势

1. 高灵活性与可扩展性

云计算允许企业根据实际需求灵活配置和使用计算资源，而不受到传统 IT 架构的限制。这使得企业可以迅速响应市场变化，调整业务规模。同时，云计算具有很强的扩展性，能够根据企业需求的增长自动扩展计算资源、存储资源。这种弹性伸缩的能力确保了即使在高峰时期，企业也能够获得足够的资源支持，保持业务的连续性和稳定性。

2. 降成本提效益

云计算使企业能够低成本地使用各种计算、存储服务。以往，企业需要投入资金购买硬件设备、授权软件等，成本较高，而云计算采用按需付费的模式，企业无须搭建基础设施，只需要为实际使用的服务付费。此外，在提供各种云计算服务的同时，云计算服务商还负责基础设施的维护与管理，如进行硬件更新、软件升级等，降低了企业的运维成本。

3. 高可用性与容错性

通过分布式部署、负载均衡等技术手段，云计算能够确保服务的高可用性，即使部分节点出现故障，也能够将业务切换到其他节点上，确保服务的连续性和稳定性。同时，云计算具备强大的容错能力和故障修复能力，能够自动检测数据丢失、系统崩溃等异常情况并及时修复。

4. 促进创新与协作

在创新方面，云计算能够为企业提供丰富的开发工具、API 接口、数据分析工具等，使企业能够更加便捷地进行技术创新和产品研发。在云计算平台上，企业还能够进行快速迭代和试错，推进产品快速上市。

在协作方面，云计算能够打破地域和组织的界限，使不同企业、不同部门能够通过云计算平台进行实时协作和资源共享。这能够提高企业的工作效率和创新能力，加速企业发展。

基于以上四大优势，云计算能够推进企业的数字化转型和智能化升级，推动智能制造的发展。

8.2 云计算为智能制造提供多重支持

云计算是智能制造发展的重要驱动力,能够从算力、数据存储与管理、智能应用开发、机器人运作等方面为智能制造提供支持。

8.2.1 提供强大算力,满足制造的算力需求

云计算能够为智能制造的发展提供强大的算力支持,满足企业在数字化转型和智能化升级中对算力的需求。以下是云计算满足企业智能制造算力需求的三个关键方面。

1. 弹性可扩展的算力资源

在智能制造的众多场景中,算力需求往往会随着生产任务的变动而波动。云计算平台具备弹性可扩展的特点,能够根据企业需求调整计算资源,确保在高峰期企业也能够得到足够的算力支持。算力资源的动态分配避免了传统IT架构中算力资源不足或过剩的问题,提高了资源利用率。

2. 高性能计算能力

智能制造中的许多应用,如复杂模拟、大数据分析、AI算法训练等,对算力都有很高的要求。云计算平台通过集成高性能计算资源,如大规模并行处理系统、GPU加速集群等,为这些应用提供强大的算力支持。这些高性能计算资源能够加速计算过程,缩短产品开发周期,提高生产效率。

3. 优化算力分配与调度

云计算平台具备智能的算力分配与调度能力,能够根据任务的优先级、资源使用情况等因素,自动将任务分配到最合适的计算节点上。这种优化策略确保了算力资源的高效利用,提高了整体计算性能。同时,云计算平台提

供丰富的监控和管理工具，能够帮助企业实时监控算力资源的使用情况，进行性能调优和故障排查。

总之，云计算能够为企业布局智能制造提供多方面的算力支持，使企业能够在灵活、稳定的算力条件下发展新业务、探索新应用，提升智能化水平。

8.2.2　助力数据存储与管理，提升管理效率

云计算能够为企业的数据存储和管理助力，提升企业的管理效率。

1. 云计算助力数据存储

一方面，针对智能制造中产生的体量庞大且增长迅速的数据，云计算平台能够提供按需分配的存储资源。这使得企业能够妥善应对数据量的激增，避免因数据存储容量不足而导致存储瓶颈问题。

另一方面，云计算平台会采用一些安全控制手段，如数据加密、访问控制、安全审计等，确保智能制造过程中产生的敏感数据得到有效保护。同时，云计算服务商还会通过多地域备份和灾备机制，提高数据的可靠性和灾难恢复能力，确保数据不丢失、不泄露。

2. 云计算助力数据管理

一方面，云计算平台具备强大的数据处理能力，能够支持智能制造过程中的大规模数据处理任务。通过分布式计算、并行处理等，云计算能够提高数据处理效率，为智能制造提供有力的数据支持。

另一方面，云计算平台集成了丰富的自动化管理工具和服务，如自动化备份、监控和日志分析等，能够减轻企业的运维负担。同时，基于大数据、AI等技术，云计算平台还具备一些智能化管理功能，如基于机器学习的资源优化、智能故障诊断等。这能够进一步提高企业的数据管理水平。

从数据存储和数据管理两方面双管齐下,云计算能够大幅提升企业的管理效率,加速企业布局智能制造的进程。

8.2.3 为智能应用的开发、部署、维护提供支持

部署智能应用是企业布局智能制造过程中的重要动作,而云计算能够为企业开发、部署、维护智能应用提供支持。

1. 智能应用的开发

云计算平台提供丰富的计算资源和开发工具,企业可以按需获取。其还支持多种开发语言和框架,为企业提供了灵活的开发环境,企业可以根据自身需求选择合适的开发工具和技术栈,加速智能应用的开发进程。同时,云计算平台集成了 AI、大数据等技术,企业可以利用各种智能工具挖掘和分析数据,为智能应用的开发提供数据支持。

2. 智能应用的部署

云计算平台具备快速部署能力,支持企业将开发完成的智能应用快速部署到云端。云端部署降低了智能应用部署的复杂性,提高了应用上线的速度和灵活性。同时,基于云计算平台提供的弹性可扩展的计算和存储资源,智能应用能够在高峰期稳定运行。此外,为了满足全球化业务需求,企业可能需要将智能应用部署到多个地域。而云计算平台支持智能应用的多地域部署,能够帮助企业实现智能应用的全球覆盖和高效运行。

3. 智能应用的维护

云计算平台提供自动化运维工具和服务,支持企业进行智能应用的自动化监控、故障排查和恢复。这能够降低企业的运维成本,提高应用的稳定性。鉴于智能应用可能涉及敏感数据和核心业务逻辑,云计算平台还提供全面的

安全保护措施，包括数据加密、访问控制等，以保证数据和信息安全。

此外，云计算平台支持对智能应用的持续优化和升级。通过收集用户反馈和应用运行数据，企业能够不断优化应用的功能和性能，提升用户体验。

总之，云计算能够为智能应用的开发、部署和维护提供全流程的服务。借助这些服务，企业可以快速开发出满足业务场景需求的智能应用，并实现应用的快速部署和持续优化。这有利于企业提升创新能力和竞争能力，在智能制造领域脱颖而出。

8.2.4　机器人上云，实现能力优化

机器人上云是机器人发展的一个重要趋势，和传统机器人相比，将计算、存储、数据处理等能力迁移到云端的云机器人具备更强大的性能和更高的智能化水平，能够在智能制造场景中发挥更大价值。

传统机器人拥有一定的计算与数据存储能力，能够根据预设程序完成特定任务。但在缺少预设程序时，传统机器人难以应对突发状况。此外，在执行一些复杂任务时，大量的数据获取和数据处理会给其带来存储和计算压力，即便其能够完成任务，效率和效果也不够理想。

云机器人能够消除传统机器人在复杂生产环境中的弊端。云机器人由云上"大脑"控制，位于云端数据中心的"大脑"具有强大的存储能力与计算能力，能够利用多种技术控制云机器人，使云机器人能够相互学习、共享知识。这不仅能够降低成本，还能够提高机器人的自学、适应能力，加快机器人的普及速度。

作为智能制造的重要推动力，云机器人具有三大优势，如图8.3所示。

```
01  云端管理与机器人协作
02  自主运行能力
03  数据共享与分析
```

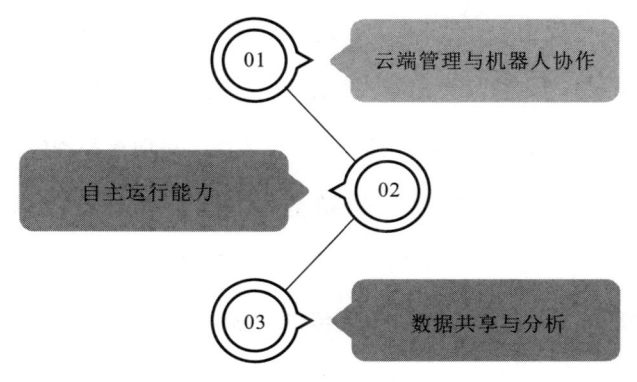

图 8.3 云机器人的优势

1. 云端管理与机器人协作

在工厂或仓库环境中，工业机器人通常需要具备多种扩展功能以适应复杂的工作需求。为了实现这些功能，工业机器人必须通过统一的软件平台进行管理，并与各种自动化设备实现无缝连接，确保现场设备之间的高效协同运作。

传统的机器人与自动化设备管理方法通常依赖于大量的服务器资源，而云机器人的云端管理则提供了一种更为强大且经济高效的处理能力，无须部署昂贵的服务器。企业能够利用云端平台处理海量数据，并进行云机器人的调度与管理。

在工厂的生产线上，云机器人与许多自动化设备协同工作。在这种情况下，信息的交互与共享极其重要。云端软件会与不同的云机器人通信，对环境进行分析，将任务分配给合适的云机器人。此外，云端软件还会实时监控每个云机器人的工作状态，并安排其执行合适的任务。操作人员不需要去现场监控生产活动，在云端便可以进行生产管理，这样有助于提升生产效率。

2. 自主运行能力

传统机器人一般按照预设程序完成特定任务，无法处理复杂问题。借助云端的计算能力，云机器人拥有智能性、自主性，对功耗和硬件的要求更低，而且更轻便、更小巧。云机器人能够在仓库、物流中心和生产线之间自主运输货物，还能避开人员、叉车和其他障碍。云机器人身上安装了激光雷达，可以对周围环境进行扫描并将数据上传到云端。云端进行数据处理、路线规划，然后再将信息传输给云机器人，使其能够自动导航。这些地图与信息可以在云机器人之间共享，实现多机器人协作，提高货物搬运效率。

3. 数据共享与分析

在云计算的支持下，云机器人具备强大的数据分析能力。云机器人在执行任务的过程中会收集许多信息，包括环境信息、机器状态、生产需求等。将这些数据在云端进行整理、分析，便可以得出最佳的决策方案。

云机器人每天会产生大量数据，这些数据都被存储在云端。通过对历史数据的分析，云端可以预判接下来将会出现什么问题，以及时响应。从数据的存储、分析到任务下发，云端对于机器人的控制发挥着重要作用。

8.3 企业上云路径解析

作为智能制造的核心基础设施，云计算为企业的发展提供了强大的支持和赋能。目前，众多企业正通过基础设施上云、云边协同等措施加速其上云进程，从而推动智能制造的快速发展。

8.3.1 基础设施上云实现业务突破

基础设施上云是制造业企业上云的主要路径。基础设施上云指的是将企业的 IT 基础设施，如计算机设备、存储设备以及配套安全终端等迁移到云端。这使得企业可以充分利用云计算的优势，提升业务效率，增强竞争力，从而实现业务突破。

一方面，云计算提供按需分配的计算资源，企业可以根据业务需求调整资源规模。这种灵活性有助于企业快速响应市场变化，提升业务效率。同时，云计算平台提供自动化的管理服务，如自动化部署、监控等。这可以减轻 IT 人员的负担，使他们能够更专注于业务优化和创新。

另一方面，云计算为企业提供了强大的计算能力和数据处理能力，有助于企业加速产品研发和创新。企业可以利用云计算平台上的开发工具，快速打造、测试新产品，缩短产品上市时间，抢占市场先机。

在基础设施上云方面，飞利浦作出了积极探索。飞利浦的智能制造转型方案对 IT 基础设施的要求极高，其自建的数据中心难以满足这种要求，而云计算平台可以满足这种要求。具体而言，云计算平台可以将云上提供的大数据、AI 平台作为基础设施融入业务系统中。

在对混合云架构的构建、安全架构、企业级云管理服务能力与资质等进行评审后，飞利浦关闭了位于苏州的数据中心，将企业应用从传统 IT 系统迁移至阿里云。上云后，飞利浦的 IT 运维成本大幅缩减，人力成本也显著降低，运维人员能够专注于业务系统的运维与优化。

总之，基础设施上云能够节省企业搭建与维护 IT 基础设施的成本。企业能够借助功能强大的云平台灵活地开展业务、快速研发新产品等，驱动业务稳定发展和创新。

8.3.2 云边协同打造上云新方案

云边协同是指将云计算与边缘计算相结合，通过在网络边缘部署计算资源和存储资源，实现数据的就近处理和分析，同时与云端进行高效协同，以满足企业对数据处理实时性、安全性和灵活性的需求。云边协同能够实现数据的高效处理、资源的灵活调度，促进企业的智能化发展。

企业以云边协同解决方案上云，具有以下优势：

（1）实现数据高效处理。边缘计算设备能够处理海量的实时数据，减轻云端的数据处理压力，使得云端专注于复杂的数据分析和决策支持。二者结合能够确保数据的高效处理。

（2）降低延迟。边缘计算设备能够实时响应生产现场的需求，降低数据传输的延迟。这对于设备监控、预测性维护等对实时性要求极高的场景尤为重要。

（3）增强数据安全性。边缘计算设备能够处理敏感数据，降低数据传输过程中的泄露风险。云端则通过加密、认证等安全措施进一步保障数据的安全性。

（4）提高资源配置灵活性。云边协同可以实现资源的弹性、灵活性分配。在边缘设备面临高负荷时，云端能够提供额外的计算和存储资源以满足需求。反之，在边缘设备负载较低或闲置时，云端可以相应减少资源的供给。

当前，不少企业都看到了云边协同的优势，积极借助云边协同解决方案推动向云端进发。

以海尔为例，通过实践云边协同，海尔在智能制造领域取得了显著的进展。通过部署边缘计算节点和云计算中心，海尔实现了实时的生产设备监控和数据分析，及时发现和解决生产中的问题，提升了生产线的稳定性和效率。在物流场景中，海尔通过云边协同实现了对物流信息的实时追踪和智能调度，降低了物流成本，提高了物流效率。

通过云边协同的实践，海尔实现了生产智能化、透明化和高效化，生产效率和生产质量得到了保障。同时，海尔还降低了IT成本，提高了资源利用率，促进了可持续发展。

云边协同在助力企业上云方面发挥着重要作用。基于数据高效处理、低延迟等优势，云边协同能够为企业提供高效的上云方案，推动企业智能化发展。

8.3.3 华为云：聚焦企业上云提供多元解决方案

作为业内领先的云服务提供商，华为云针对制造业企业的特点推出了多元化的上云解决方案，助力企业智能化转型。具体而言，华为云推出的企业上云解决方案主要包括如图 8.4 所示三种。

01 ERP 上云解决方案

02 OA 上云解决方案

03 MES 上云解决方案

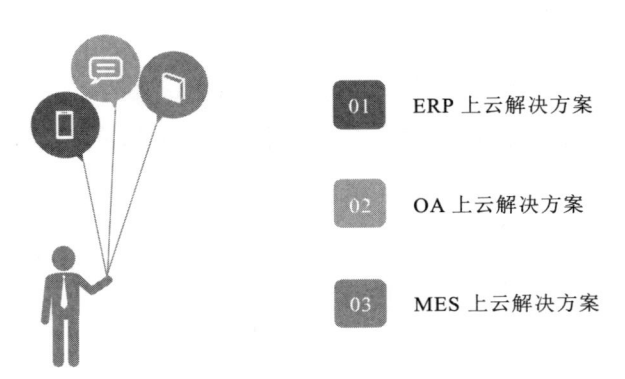

图 8.4 华为云的企业上云解决方案

1. ERP 上云解决方案

针对企业 ERP 系统上云的需求，华为云提供多种 ERP 上云方式，包括新采购 ERP 系统在云上部署、本地部署的 ERP 迁移上云、一站式 ERP 系统 SaaS 化搭建等。

ERP 上云解决方案提供稳定的云上运行环境，满足企业对安全的要求，确保数据安全可靠。同时，企业无须搭建互联网数据中心（internet data center，IDC）机房，也不用担心设备折旧问题，可以按需使用付费，并随着业务需求进行快速扩容。

2. OA 上云解决方案

在 OA 上云方面，华为云提供两种解决方案：本地 OA 搬迁上云和华为云商店 SaaS 化部署。这些解决方案能够帮助企业提升 OA 系统的协同效率，降低运维成本。

一方面，通过上云，企业可以实现对 OA 系统的集中管理，提升协同效率；另一方面，企业不必再为 OA 系统的运维投入大量人力、物力，降低了运维成本。此外，华为云提供完善的安全保障机制，能够确保 OA 系统数据的安全性和完整性。

3. MES 上云解决方案

随着智能工厂转型的推进，MES 逐渐成为企业的重要系统。华为云针对 MES 打造了高性能、易扩展的上云解决方案，具有以下优势：

（1）高性能计算与存储。华为云提供高性能的计算、网络与存储资源，确保 MES 的高效运行。

（2）灵活扩展能力。该方案具有灵活扩展能力，能够随着企业业务发展弹性伸缩。

（3）完善的安全保障。华为云提供漏洞扫描、安全审计等防护机制，确保 MES 稳定运行，保障数据安全。

通过多元的上云方案，华为云能够满足企业多样化的上云需求。在为企业提供稳定、灵活的上云解决方案的同时，华为云还为企业提供完善的数据安全保障，解决企业上云的后顾之忧。

下篇

智能制造多场景落地

第 9 章
智能管理：实现体系高效协同

在智能制造领域，智能管理扮演着至关重要的角色，它能够确保不同体系之间实现高效协同。通过运用大数据、AI 等前沿技术，企业能够智能化地管控设备、人力资源以及生产流程，从而促进各要素和环节之间的协同，实现高效运作。本章将深入探讨企业的智能管理，涵盖供应链管理、订单管理和资源管理这三个核心领域。

9.1 供应链管理：打造高效集成的供应链

在供应链管理方面，企业需要将采购、仓储、物流等多个环节进行整合，打造高效集成的供应链体系。这在实现供应链高效运转的同时，还能够实现资源的优化配置，进而降低成本，提高经济效益。

9.1.1 高效、透明的智能化采购

一般而言，制造业企业需要在采购环节投入大量资金，同时需要面对采购环节冗长、供应商发货速度慢等带来的风险。因此，企业有必要加强对采购环节的管理，通过引入各种先进技术实现采购环节的智能化转型。

具体而言，企业可以从三个方面出发搭建智能化的采购体系，如图9.1所示。

图9.1　企业搭建智能化采购体系的方法

- 打造智能化采购系统
- 实现供应商全生命周期管理
- 智能分析与决策

1. 打造智能化采购系统

在构建智能化采购系统的过程中，企业有两条路径可选择：一是采用市场上成熟的智能化采购系统，二是根据自身特定需求进行定制化开发。市场上成熟的采购系统通常具备丰富的功能和良好的可扩展性，能够满足企业多样化的采购需求。而定制化开发则确保采购系统与企业的业务需求和操作习惯完全契合。

打造好智能化采购系统后，企业还需要将其与ERP、CRM等系统进行集成与对接，以实现数据的实时共享和流程的自动化处理。

智能化采购系统能够大幅提升采购效率和数字化水平。智能化采购系统能够对采购流程进行标准化处理，明确各个环节的职责和操作流程，减少人为干预和失误。同时，利用系统内嵌的采购流程模板和自动化工具，企业能够实现从采购申请到收货全流程的自动化处理，提高采购效率。此外，系统能够监控采购进度，追踪和记录每项操作的时间和人员信息，实现采购流程可追溯。

2. 实现供应商全生命周期管理

在供应商管理方面，企业要做好供应商的全生命周期管理。一方面，企业需要借助智能化采购系统对供应商进行严格的准入审核和资质评估，确保供应商的质量；另一方面，企业需要建立供应商绩效管理体系，对供应商的供货质量、交货期、价格等进行综合评估，并根据评估结果实施分级管理。此外，企业需要与优质供应商建立长期稳定的合作关系，通过共享信息、协同作业等方式实现双方共赢。

3. 智能分析与决策

企业可以借助智能化采购系统的数据分析能力深入挖掘历史采购数据并进行系统性分析。基于数据分析结果，企业能够进行科学的采购规划，降低库存风险。同时，在供应商选择、采购时机把握等方面，企业也需要基于数据分析作出合理的决策。

企业可以从以上三个方面出发搭建智能化采购系统。借助该系统，企业能够实现采购流程的高效运作和透明化管理，提高采购效率和管理水平，为持续发展奠定基础。

9.1.2 智能化库存管理提升管理效率

许多企业存在不同仓库之间数据难以互通、数据无法实时更新等问题，这加大了库存管理的难度。同时，由于产品缺乏合理调度，时常出现库存积压的问题，给企业的供应链管理带来挑战。

为了应对挑战，企业需要制订智能化库存管理方案。智能化库存管理是一种新的库存管理理念，通过运用 AI、物联网等数智化技术，实现智慧仓储，降低库存成本，提升仓储能力。

智能化库存管理确保了库存管理各个阶段数据录入的准确性和速度，使企业能够实时掌握仓库中所有货物的真实数据，并对库存进行及时合理的控制。通过科学的编码系统，企业能够统一管理货物的保质期、批次等关键信息，从而显著提升库存管理的效率。

对于那些货品种类繁多、形态各异，且库存作业流程复杂的仓库，智能化库存管理依托于物联网、自动控制、AI、移动计算和智能信息管理等技术极大地提高仓储作业的效率。在智能化管理的仓库中，无人车作业已成为常态。

除了能够对物资数据进行全面管理外，智能化库存管理还有一些其他作用。例如，支持多人在不同地点同时进行货物盘点与出入库记账，实现透明化、可视化的动态库存盘点；能够展示各个时段的历史库存状况，方便货物的清查；能够设置一个固定额度，对货物进行定额管理；能够实现从货物入库到出库再到报废的全生命周期管理。

在智能化库存管理方面，京东进行了许多尝试。京东是一家以电商为核心业务的企业，拥有完善的物流管理体系，在智慧仓储方面进行了积极布局，如京东无人仓。

无人仓可以大幅缩短打包产品的时间，从而提高物流的整体效率。在京东的无人仓中，三种智能机器人发挥着关键作用。

（1）搬运机器人。搬运机器人体积比较大，重约 100 千克，负载量约 300 千克，行进速度约 2 米 / 秒，主要负责搬运大型货架。搬运机器人使搬运工作简单了很多，所需时间缩短了很多。

（2）小型穿梭车。在京东的无人仓中，小型穿梭车的主要工作是搬起周转箱，然后将其送到货架尽头的暂存区。而货架外侧的提升机则会在第一时间把暂存区的周转箱转移到下方的输送线上。

（3）拣选机器人。京东的拣选机器人配有先进的 3D 视觉系统，能够精准识别消费者所需的产品，并通过吸盘将产品从周转箱中转移出来。相关数据显示，与人工拣选相比，拣选机器人的拣选速度要快 5～6 倍。

智慧仓储完善了京东的物流体系，提升了京东物流的整体效率。在行业内，京东率先实现了几乎所有自营产品当日送达的目标，这是其很大的一个优势，也是与其他企业进行竞争的有力武器。

9.1.3　自动化物流系统实现高效运输

物流管理是供应链管理中的一个关键环节。通过引入先进的物流技术、物流设备等，企业能够搭建起自动化的物流体系，提升运输效率。

一方面，企业需要建立完善的物流信息系统，包括物流管理软件、跟踪系统、数据分析平台等，实现对货物流动和相关信息的实时监控和分析。物流信息系统能够提高物流运作的透明度和可控性。另一方面，企业需要引入自动化仓储设备和自动化运输设备，如自动化分拣线、AGV 等，提高物流作业的自动化水平。

在搭建自动化物流系统方面，蒙牛积极探索，打造了自动化物流系统。该系统包括自动仓库系统、空中悬挂输送系统、AGV、连续提升机，以及多种类型的输送机等众多智能设备，是一个高度自动化的物流系统。

这套物流系统主要用于常温液体奶的生产、储存以及运输。通过计算机的统一自动化管理，该系统实现了从生产到出库装车的全过程无人化作业，涵盖了成品出入库、原材料及包装材料输送等所有物流环节。

蒙牛的自动化物流系统囊括四个方面，如图9.2所示。

成品自动化立体库
内包材自动化立体库
辅料自动输送系统
计算机管理系统

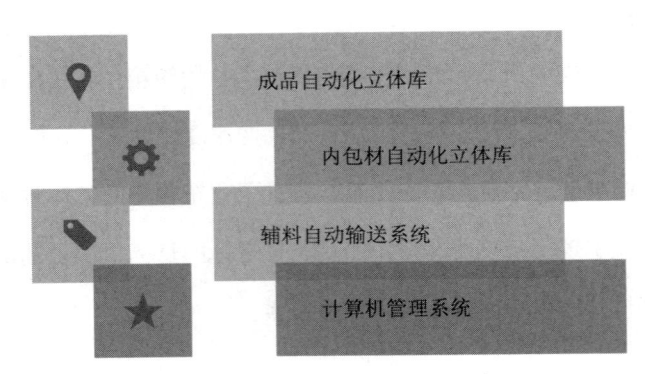

图9.2　自动化物流系统的组成

1. 成品自动化立体库

成品自动化立体库主要用于产品封箱完成之后的环节，例如，成品储存与出库操作、空托盘储存等。成品自动立体库中的设备有提升机、环形穿梭车、高位货架以及单伸位堆垛机等。

2. 内包材自动化立体库

内包材自动化立体库负责将内包材料运送至入库输送线，主要设备有驶入式货架系统、单伸位堆垛机以及AGV。其中，AGV可以自动把内包材料送到无菌灌装机指定位置，并将空托盘送回去。

3. 辅料自动输送系统

员工将辅料放置到自动搬运悬挂车后，由辅料运输系统准确将辅料送到指定位置。

4. 计算机管理系统

通过计算机管理系统实现成品、内包材料的自动化入库，以及辅料的全自动控制、监控和统一管理。

蒙牛的自动化物流系统根据功能的不同分为生产区、入库区、储存区和出库区，其具体运作流程如下：

（1）生产区。输送链在码垛前将盛有货物的纸箱提升至离地面2米处；码盘机器人按货架层间距的尺寸要求，将纸箱整齐地码放在下游输送带的托盘上。

（2）入库区。入库区设有双工位、高速环行的穿梭车，用于分配入库口的入库货物。货物被送上穿梭车之前，要先经过外形合格检测装置。如果货物没有通过检测，则由小车送到整形装置处重新整形后再入库；如果货物顺利通过检测，则由堆垛机自动将其放置到计算机系统指定的货架上。

（3）储存区。储存区每一个位置都由计算机系统独立编号。如果货物被移动，计算机系统会收到变动信息，进而进行调整。

（4）出库区。出库区设置了20个停车位，可以满足20辆运输车同时进行装卸任务；堆垛机从货架上取出装有货物的托盘，并将其送到库房外的环行穿梭车上；根据销售订单，滚筒式输送机将相应数量的货物送到运输车旁；环行穿梭车的某处设有货物分拆区，需要分拆的货物在此脱离穿梭车道，进行人工分拆。

蒙牛还采取供应商预约送货的方式，加强对供应商的管理，实现收货工作的计划性与预知性，并在此基础上进行物流安排，做好装车和运输计划。这样的做法有利于实现人力的共享和资源的合理分配，提高车辆装载率和运输效率，节约运输成本，提高送货的准时率。

在自动化物流系统中，技术是引擎。因此，企业要想提升物流效率，优化供应链管理，就要有先进的技术。引入各种先进技术和智能设备，优化物流运作，是企业优化供应链管理的必经之路。

9.2 订单管理：实现高效的订单流转

订单管理是一个系统工程，涵盖订单接收、处理、跟踪、发货、售后服务等多个环节。为了确保这一流程的顺畅和高效，企业应建立完善的订单管理系统，规范整个订单处理流程，确保各个环节之间能够实现无缝衔接。基于此，企业能够有效地提升订单处理效率，从而实现订单的快速流转和用户满意度的提高。

9.2.1 实现订单数据的集成化管理

实现订单数据的集成化管理是企业优化订单管理的基础，其优势主要体现在三个方面：

（1）实现对全渠道订单的统一智能化处理。企业往往拥有多个销售渠道，如实体门店、在线商城、小程序等，这些渠道产生的订单类型各异。企业需要对多个渠道的订单进行统一处理。通过中心调度系统，企业能够智能化地处理订单的拆分与合并以及仓库物流的匹配。此外，如果订单出现异常情况，系统还能及时进行智能化拦截。

（2）对货品进行精细化管理。订单管理工具能够帮助企业自动转换货品采购与售出的价格，通过对不同质量等级、包装规格、产品批次的货品进行分类管理，使订单数据更加清晰透明，使数据分析更加准确。

（3）实现订单处理全流程的可视化。通过集成化管理与实时监控，企业能够对每一个订单在不同节点的状态进行跟踪，确保订单的准确性与准时性，为消费者提供优质的产品与服务。

以某玩具制造公司为例，该公司的业务涵盖玩具的设计、生产、销售及相关配套服务。随着业务的发展，公司面临订单管理效率低下、价格频繁变动导致订单处理难度增加等问题。为解决这些问题，该公司寻求与外部信息科技公司的合作，致力于打造一个订单集成化智能管理系统。

针对该玩具公司的具体需求，某信息科技公司为其提供了一整套解决方案。例如，通过一键智能下单功能，企业可以快速、批量地订购货品，生成批量订单数据，并实现一键管理，从而提高工作效率；通过智能协同功能，企业能够汇总订单并根据数据实时分配任务，显著提升采购和销售效率；在账单结算方面，系统能够按照日期、品类、用户类型等维度对订单进行分类，并自动生成报表，使账款清晰明了。

引入订单集成化智能管理系统后，该玩具公司实现了订单数据的统一管理，规范了订单管理流程，大幅提升了订单管理效率。

总体而言，对订单数据的集成化智能管理能够帮助企业简化订单处理流程，提升运营效率。

9.2.2 搭建智能化的订单管理系统

为了实现订单的高效管理，企业需要搭建智能化的订单管理系统。首先，企业需深入分析当前的订单处理流程，识别存在的问题，并广泛收集各部门对订单管理系统的需求，以便进行定制化的设计。通常，一个完善的订单管理系统应包含订单处理、库存同步、物流跟踪、数据分析等功能，以全面满足企业的实际需求。其次，企业需要确保订单管理系统与ERP、CRM、WMS等关键系统实现无缝集成，以保证数据的实时同步和共享。

智能化的订单管理系统具有多样的智能化能力，如图9.3所示。

```
01
实现订单数据的自动化处理

02
实现库存同步

03
订单跟踪与物流集成
```

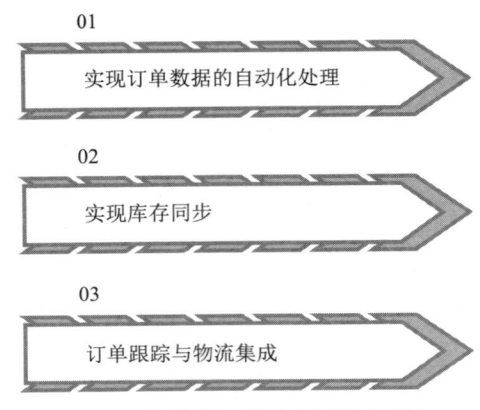

图 9.3　智能化订单管理系统的能力

1. 实现订单数据的自动化处理

订单管理系统能够自动接收来自不同渠道的订单，并根据预设规则进行自动审核，确保订单的有效性和准确性。此外，订单管理系统能够实现订单分配、拣货、打包、发货等订单处理流程的自动化，提高处理效率。

2. 实现库存同步

订单管理系统与 WMS 的集成能够实现库存数据实时同步。这能够帮助企业准确掌握库存数量、状态等信息。

3. 订单跟踪与物流集成

订单管理系统支持订单跟踪，能够实时更新订单状态，包括发货、运输、签收等环节，为企业和用户提供透明的物流信息。

总之，智能化的订单管理系统能够从多方面助力订单管理，帮助企业提高订单管理效率和用户服务水平。

9.2.3　美的：快捷高效的订单管理系统

在电商和制造业快速发展的今天，订单管理系统的高效运作对企业的运营十分重要。它不仅能够提高订单处理效率，减少人为错误，还能提升用户满意度，增强企业的市场竞争力。对大型制造业企业而言，一个快捷高效的订单管理系统更是不可或缺。

作为一家规模庞大的家电制造商，美的打造了快捷高效的订单管理系统，提升了订单管理效率，优化了用户体验。

在系统设计上，美的采用先进的系统架构，如微服务架构、云计算平台等，确保系统的高可用性和可扩展性。这使得系统能够应对高并发处理需求，快速响应用户需求。同时，订单管理系统与美的的ERP、CRM等系统集成，实现了数据同步和业务流程顺畅对接。

在功能上，订单管理系统具有三大功能：

（1）订单接收与处理。系统支持多种订单接收方式，如在线下单、电话订购、门店下单等。一旦订单被接收，系统就会自动进行订单审核、库存检查、价格核算等流程，确保订单的准确性和及时性。

（2）物流配送。订单管理系统与物流系统对接，能够实现订单物流状态的实时跟踪，提供准确的配送时间和配送信息。通过智能调度算法，系统能够优化配送路线，提高物流效率并降低成本。

（3）售后服务。系统还集成了售后服务模块，支持退换货、维修申请等。用户可以通过系统提交售后申请，并实时跟踪申请的处理进度和结果。

未来，随着技术的发展，美的将持续对订单管理系统进行迭代，以优化系统的功能，提升服务质量。

9.3 资源管理：挖掘资源更大价值

在供应链管理中，企业还需要做好人力、设备等资源的管理。通过精细化的资源管理，企业能够实现资源的高效配置和合理利用，发挥资源的更大价值。

9.3.1 人力资源管理：重塑人力资源价值

人力资源管理是企业资源管理的重要组成部分。借助 AI 和信息技术，企业能够实现对人力资源的智能化管理，重塑人力资源的价值。

实现对人力资源的智能化管理需要做好以下几个方面：

1. 智能化培训

企业可以根据员工的职业发展规划和个人需求，为他们制订个性化的培训计划和学习路径。通过构建在线学习平台，提供丰富的课程资源和学习工具，企业可以为员工的学习提供支持。此外，企业还需要构建在线测试和反馈机制，实时监测员工的学习进度和效果，确保培训质量。

2. 智能化绩效管理

在绩效管理方面，企业可以通过系统集成和数据接口自动收集员工的工作绩效数据，如销售额、用户满意度、团队协作等。利用大数据分析和 AI 技术，企业可以对员工绩效进行深度分析，发现潜在问题和改进点。在此基础上，企业需要为员工提供个性化的绩效反馈和改进建议，帮助员工提升工作能力和绩效表现。

3. 智能化考勤与排班

企业需要打造支持多种打卡方式的智能考勤系统，如人脸识别、指纹识别、手机 App 打卡等，以自动记录考勤数据，减少人为错误。在排班方面，企业可以打造智能排班系统，根据生产计划和员工的工作规则，自动规划最优的排班方案，减少排班冲突和人力浪费。

4. 智能化决策支持

企业可以借助大数据分析和 AI 技术，形成深入的人力资源数据分析报告，并据此进行科学决策。同时，企业可以借助这些技术对人力资源状况进行预测，提前应对潜在风险和挑战。

总之，通过智能化的人力资源管理，企业能够提高人力资源管理的效率和准确性，进行更加科学的人员安排，发挥出人力资源的更大价值。

9.3.2 设备资源管理：智能化系统优化管理

设备是制造业企业的重要资源，随着企业的发展和规模的扩大，其数量和种类也越来越多。如果缺乏有效的设备管理系统，这些设备就难以得到妥善的管理，也就难以实现充分利用和价值最大化。

针对这一情况，企业需要对设备资源管理进行智能化升级，以实现对设备资源的高效管理和充分利用。智能化的设备资源管理主要分为两个部分：设备资产管理、设备状态监测。

1. 设备资产管理

设备资产管理的基础是对设备资产信息进行统计，包括不同类别设备的总数、完好数，不同车间设备数量与使用情况，设备状态等。基于此，企业能够对部分关键设备进行精细化管理，例如，定期进行设备状态评估、制定应对潜在问题的应急预案、对设备进行定期维护等。

此外，设备资产管理还包括预防性维护、日常使用维护和故障修理等，确保设备在使用过程中出现问题能够得到及时解决。在遇到异常情况时，工作人员可以通过 App 或小程序快速报修，系统将自动分配维修任务给相应的技术人员，从而实现对设备问题的迅速响应和处理。

2. 设备状态监测

设备状态监测主要是利用物联网等智能技术对设备的多维数据进行实时监测，并将这些数据即时回传到统一的管理平台，实现对设备的集中管控。工作人员能够根据数据变化及时了解设备使用状况，及时对设备进行维护。

传统的设备管理方式已经不再适应企业当前的发展需求，不管是设备种类与数量的增加，还是设备技术水平日益提高，都对企业的设备资源管理提出更高的要求，促使企业实现设备资源管理的智能化。在当前激烈的市场竞争中，智能化的设备资源管理系统已经成为各企业不可或缺的管理工具。

第 10 章
智能生产：助力生产提质增效

生产场景是智能制造落地的核心场景，AI、大数据、物联网等技术为生产场景的落地催生了智能生产。智能生产的智能性不仅体现在生产环节，还体现在产品设计、产品优化环节，带来的是从产品设计到产品优化多个方面的智能化变革。智能生产大幅提升了产品生产、迭代的效率，能够帮助企业优化生产流程，实现提质增效。

10.1 产品设计：聚焦需求实现精准设计

精准的产品设计是智能生产得以实现的基础。在当前激烈的市场竞争和用户需求日益多样化的背景下，企业密切关注并精准把握用户需求，才能设计并生产出真正受市场欢迎的产品。

10.1.1 挖掘用户需求，明确设计方向

大数据技术应用于产品设计，能够帮助企业精准捕捉并分析用户需求，从而确保设计方向的明确性与针对性，进一步巩固和提升企业的核心竞争力。

数字化时代，每个用户都相当于一个移动的终端数据传感器，每分每秒

都在创造数据。他们的任何动作，包括购买了什么饮品，在哪里吃了什么东西，都能被挖掘和分析，为企业进行产品设计提供参考。

以 eBay 为例，该企业很早就认识到大数据技术的潜在影响，并开始构建大数据分析平台，以跟踪和分析用户行为。目前，eBay 每天处理的数据量超过 100PB，这些数据包括用户的年龄、地理位置、评论、交易信息以及浏览行为。通过对这些数据的分析，eBay 能够了解用户可能的需求，准确预测用户的购物行为，进而有针对性地设计、更新和运营产品。

全球知名食品企业卡夫通过大数据分析工具抓取了 10 亿条社交网站的帖子、50 万条论坛讨论内容，最后发现用户最关心的既不是口味，也不是包装，而是食品的食用方法。在此基础上，卡夫总结出用户购买食品的三个关注点：健康、素食主义和安全，同时发现孕妇对叶酸的特殊需求。根据这些信息，卡夫调整了食品的配方，打开了孕妇市场，销售额大幅增加，甚至打破了历史纪录。

随着数据存储技术的不断进步，数据存储量和存储时间都在不断增加，预测用户下一步行为的重要性日益凸显。企业应站在用户的角度发现问题、分析其核心需求，确保产品设计和使用符合用户的预期，以此赢得用户的好感，提升品牌认知度，并增强用户黏性。

10.1.2 优化流程，规范设计标准

设计规范（或称"设计标准"）是产品设计的指南针，旨在通过对产品目标、功能、指标以及限制条件等一系列因素的技术性描述，确保产品视觉、体验与企业品牌的一致性与和谐性。在智能制造的大趋势下，大数据技术以强大的分析能力，为设计规范的精准制定与持续优化提供了坚实支撑，是推动产品设计规范化、智能化的关键力量。

以宜家为例,在宜家的所有商场中,每一件产品的陈列和搭配都建立在数据分析的基础上,用户的每一个动作都会被各种设备清晰记录下来,作为规范产品设计的依据。从样板间到单品区,从风格各异的产品到极具诱惑的定价,从标准化的家具样式到个性化定制,宜家在大数据的帮助下,以用户为中心,改变原有的设计规范,设计出侧重点不同的产品,全方位满足用户需求,使其快速找到心仪的产品。

具体来说,大数据实现产品设计规范化的方法如下:

(1)通过大数据,企业能够找到产品的核心用户,以他们的需求为核心调整设计规范。在过去,企业会根据市场调查的结论或者以往的相关记录,直接将某一类人群作为目标用户进行产品设计,这种判断并不足够准确。现在,企业可以利用大数据技术,结合自身丰富的商业经验精准找到产品的目标用户,然后再对目标用户进行分析,确定设计规范。

(2)大数据技术能够帮助企业建立合理的产品模型。企业在设计产品时一般都会想象产品最终呈现出来的模样,而理性的大数据能够结合已有的设计规范打破这种感性想象,使感性与理性共存。对企业而言,利用大数据建立产品模型分为三个步骤,如图 10.1 所示。

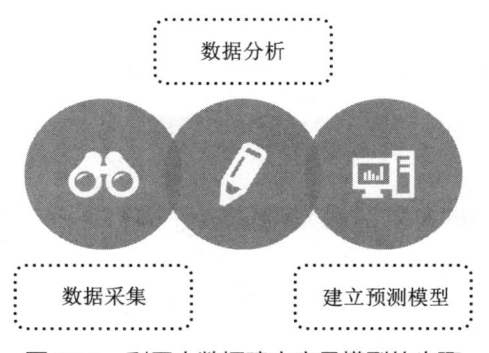

图 10.1 利用大数据建立产品模型的步骤

1. 数据采集

在数据采集环节，企业既要采集丰富的用户数据，包括用户性别、地域、职业、消费等级、网页浏览行为、购买行为等，还要采集竞品的相关数据，包括竞品的价格、回购率、好评率、使用感受等。

2. 数据分析

数据分析即根据不同的指标给用户打上标签和指数。标签代表用户对产品的兴趣、偏好、需求等，指数代表用户对产品的兴趣程度、需求程度、购买概率等。在这一阶段，企业可以购买深度定制化的市场数据，也可以选择与第三方企业合作。

3. 建立预测模型

接下来企业需要基于数据建立预测模型，进而预测市场销量、用户反馈以及可能出现的问题，制定设计规范。

随着时代的不断发展，大数据已经成为提升设计精准度的重要工具。在大数据的支持下，企业能够更好地制定符合用户需求的设计规范。

10.2 产品生产：新技术打造新方案

在产品生产环节，各种融入新技术的生产方案不断涌现。云系统赋能下的自动化生产、3D/4D 打印、柔性化生产等从多方面提升了生产的智能性。

10.2.1 云系统助力生产自动化

智能生产涉及各种生产环节的连接、大量设备的互联和海量数据的处理、传输等。而云系统能够实现各种设备、数据的统一管理，提升企业的智能制造水平。

云系统指的是云计算操作系统，包括云存储和云计算两部分。云存储可以实现各种制造数据云上存储，打破企业内的数据孤岛，实现数据流通。云计算可以对各种制造数据进行统筹和计算，实现统一的数据处理。

著名制造企业徐工集团实现了制造设备上云，是应用云系统的代表性企业。徐工集团的智能基地仅有数百名工人负责操作，而剩余大部分的工作都由机器人（如焊接机器人、切割机器人和涂装机器人等）完成。徐工集团的机器人十分灵活，可以在生产线上自由走动，且不触碰其他物品，工作效率也很高。

由于徐工集团对机器人进行了精细的分工，且将生产过程记录在系统中，因此系统能够根据生产进度自动下达指令。几乎不需要人工参与，机器人只需要按照收到的指令进行操作就可以完成相应的生产流程，产品生产过程高度自动化。

此外，徐工集团还创新性地建立了云车间，其内部的调度系统高效管理所有的数控单体设备和集群设备。例如，车床完成产品加工后，调度系统能立即接收到信息，并自动安排相应的轨道将产品送往下一道工序。同时，关于该产品的所有工序信息都会被详细记录在数据库中，如加工时间、加工设备等。

在云车间的助力下，工人的角色发生了转变——作为质检员负责检测产品质量。每个工人都配备有一个智能终端系统，该系统能实时显示工人当天需要完成的任务、生产计划等信息。工人可以根据调度系统的指令进行产品检测，确保每一件产品都合格。

徐工集团智能基地中的机器充满了技术"细胞"。这些机器搭载了

GPS、通用分组无线业务（general packet radio service，GPRS）系统、数据库自动识别系统等，这些系统共同构成了一个强大的感知系统。

以往，机器出现故障时，工人需要将照片、视频发给工程师，工程师对故障进行初步分析需要频繁地核对一些信息。现在，机器出现故障时，工程师只需扫描机器上的条码，就能迅速获取所有重要信息，如用户信息、服务商信息、零部件研发、生产信息等，极大地提高了故障处理效率。

总之，云系统的引入显著提升了机器运作的效能，减少生产过程中的人工参与，助力企业打造自动化的生产环境，优化生产流程，提高生产效率和质量。

10.2.2　3D/4D 打印带来制造新模式

3D 打印是以数字模型文件为基础，以 3D 打印机为载体，以粉末状金属、塑料等可以黏合的材料为原料，通过逐层打印的方式来生产产品的技术。

3D 打印机由控制组件、机械组件、打印头、耗材和介质等组成，其设计原理分为两步。

（1）扫描物体建立打印模型。例如，用户要想打印自己的人像，就需要通过扫描将自己的身体数据输入到计算机中，在打印前生成一个完整的三维立体模型。

（2）分层加工。在建立三维立体模型后，3D 打印机会在需要成型的区域喷洒一层特殊胶水，胶水液滴很小且不易扩散。然后喷洒一层均匀的粉末，粉末遇到胶水会迅速固化黏结，而没有胶水的区域仍保持松散状态。在一层胶水一层粉末的交替加工下，实体模型逐渐"打印"成型。在打印完毕后，只要扫除松散的粉末即可"刨"出模型，而剩余粉末还可循环利用。

医学工程企业 Fasotec 运用 3D 打印技术制作仿真人体器官。例如，打印的肺叶模型上面有"血管"和"肿瘤"，切割时会有"血液"慢慢流出。对实习医生而言，这无疑能帮助他们更快、更扎实地掌握实习内容。

相较于 3D 打印，4D 打印增加了一个 D（dimension，维度）——时间。该技术以 3D 打印为基础，使用具备时间变化能力的材料进行物体打印，使其在特定时间条件下实现自我组装、变形、修复与充电。

以麻省理工学院自主研发的 4D 打印技术为例，其使用的材料具有记忆特性，即记住自身目前的状态与所处环境。在受到外部刺激时，这些材料能够自我修复；在感知到温度变化后，它们能够自主变形。

目前，4D 打印技术仍在研发阶段，并未实现大规模应用，但其巨大的发展空间可见一斑。例如，在医疗领域，4D 打印能够制造出具备自我适应与修复功能的智能化医疗产品，如人工肢体、仿生器官等，为临床医学研究带来更多可能；在建筑领域，4D 打印能够制造出具备自我组装能力的建筑材料，提升建筑物的抗灾能力。

10.2.3 柔性化生产让生产更灵活

面对多变的市场环境和用户需求，柔性化生产成为备受企业青睐的生产模式。在柔性化生产模式下，企业能够根据市场需求变化灵活调整资源配置和生产计划，实现灵活、高效的生产。

1. 柔性化生产的优势

具体而言，柔性化生产具有四个优势，如图 10.2 所示。

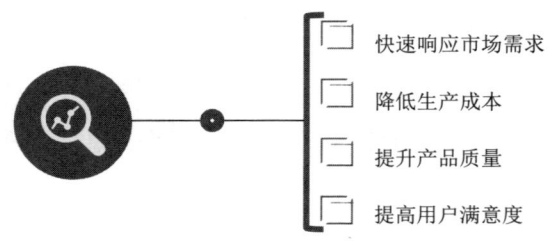

图 10.2　柔性化生产的优势

（1）快速响应市场需求。柔性化生产使企业能够根据市场需求的变化快速调整生产计划，缩短产品生产周期，提高市场响应速度。例如，通过产品模块化设计、柔性生产线等，企业可以快速推出新产品、进行产品升级，满足用户的多样化需求。

（2）降低生产成本。柔性化生产能够优化生产流程和资源配置，减少生产中的冗余环节和资源浪费，提高生产效率，降低生产成本。智能化系统能够实时监测设备的状态并预警故障，减少设备停机时间，降低设备维修成本。

（3）提升产品质量。柔性化生产依托自动化检测和数据分析设备与系统，实现了对产品质量的全程精准管控。在实时监测下，企业能够迅速识别并解决质量问题，确保产品质量稳定。

（4）提高用户满意度。柔性化生产能够满足用户对产品的个性化需求，提供定制化产品。这种以用户为导向的生产方式能够提升用户的满意度和忠诚度，增强企业的市场竞争力。

2. 探索柔性化生产

企业可以从以下几个方面入手探索柔性化生产：

（1）模块化设计。将产品分解为若干个模块，通过模块的灵活组合实现产品的快速迭代和升级。这有助于企业提高生产效率，快速响应市场需求。

（2）数字化生产和管理。利用物联网、大数据、AI等先进技术，实现数字化生产以及对生产过程的数字化管理。基于对各种生产数据的分析，企业能够准确把握生产情况，及时调整生产计划。

（3）柔性生产线。打造灵活、智能的生产线，使生产线能够根据不同产品的生产工艺要求快速调整生产线配置与工艺流程，实现高效生产。

随着技术的发展，柔性化生产将变得更加智能，在提升生产灵活性的同时更好地满足用户的个性化需求，提升企业在智能制造方面的竞争力。

10.3 产品优化：带来优质产品体验

在生产产品的过程中，企业同样需要注意产品功能、质量等的优化，打造优质产品。为此，企业需要积极推进产品迭代、引入新技术把控产品质量，从多方面推进产品优化。

10.3.1 功能优化，满足用户新需求

为了满足用户的新需求，提升用户体验，企业需要持续更新产品，推动产品功能优化。在这个过程中，企业需要聚焦用户需求，对产品进行技术创新，以新功能满足用户的新需求。具体而言，企业需要做好以下几个方面：

（1）深入了解用户需求。企业可以通过问卷调查、社交媒体分析等方式收集用户对产品的反馈和期望，从而了解他们的具体需求和痛点。

（2）以技术驱动产品优化。在了解用户需求的基础上，企业可以对产品进行全方位优化，如更新产品功能、优化产品交互方式、实现产品与更多

产品的互联等。同时，企业也可以将新材料、新工艺应用到产品中，提高产品的性能和耐用性。

（3）对产品进行持续迭代。企业可以采用敏捷开发的方法快速响应用户需求，通过持续迭代不断优化产品功能。在这方面，企业需要建立有效的用户反馈机制，鼓励用户提出意见和建议，并将用户意见融入产品改进中。同时，企业需要对产品的性能进行持续监测和评估，确保产品始终满足用户需求。

以智能音箱产品为例，其语言理解的精准性、与用户沟通的流畅性是十分重要的。以往，在与用户沟通的过程中，智能音箱可能难以准确理解用户的意图，或忽略用户发出的指令中的关键词，影响用户使用体验。针对这一问题，天猫精灵发布了更加"聪明"的新一代智能音箱"IN 糖 3 Pro"。

IN 糖 3 Pro 接入了阿里巴巴旗下的通义千问大模型，智能性大幅提升。在大模型的支持下，IN 糖 3 Pro 拥有连续对话能力，能够与用户进行多轮对话，并根据上下文理解语境，让对话更加自然。

在日常生活场景中，当用户询问午餐推荐时，IN 糖 3 Pro 不仅会推荐菜品，还会讲解食物的功能、富含的营养成分等，并给出菜品搭配方案。当用户希望 IN 糖 3 Pro 讲个笑话时，IN 糖 3 Pro 不是播放录制好的音频资源，而是将笑话融入与用户的自然沟通中，自然地逗用户开心。

IN 糖 3 Pro 具有一些拟人化特征，如有自己的名字、爱好，角色设定更加个性化。相较于 IN 糖 3，IN 糖 3 Pro 在知识、记忆等方面的能力有所提升，在对话中的表现高度拟人化。

此外，IN 糖 3 Pro 还具有情感理解能力，能够与用户进行情感交互。例如，当用户表示自己玩游戏连输、心情低落时，IN 糖 3 Pro 会安慰用户，并建议用户休息一下，调整状态；当用户情绪激动时，IN 糖 3 Pro 会安抚用户，并提醒用户注意言行。可以说，IN 糖 3 Pro 就像一位善解人意的朋友。

基于更强的智能沟通能力、更多样的功能和玩法，IN 糖 3 Pro 更好地满足了用户的沟通需求，提高了用户的使用体验。

综上所述，企业需要持续关注用户需求，有针对性地更新产品功能，并积极尝试在产品中融入新技术，使产品能够满足甚至超越用户的期待。

10.3.2　质量优化，智能质检为生产把关

在产品优化方面，融入 AI 的智能质检系统能够精准把控产品质量，实现产品质量优化。具体而言，智能质检系统的优势主要体现在以下两个方面：

（1）具备视觉检测功能的智能质检系统能够自动识别产品缺陷，如裂纹、划痕、不正确的装配等，保证产品符合标准，提高产品质量。

（2）智能质检系统可以分析设备运行数据，预测设备故障并发出维修提示。这种预测性维修可以减少停机次数，保障生产顺利进行。

智能质检系统依托 AI 技术能够有效避免人工质检可能出现的失误，提高产品质检效率和准确性，从而保证产品质量，提升用户满意度。

在智能质检方面，百度智能云基于百度工业视觉智能平台推出了智能工业质检解决方案。该方案基于先进的 AI 技术，特别是计算机视觉和深度学习算法，提高了生产质量控制效率和准确性。该方案通过自动化的视觉检测系统，快速、准确地识别和分类制造缺陷，从而帮助企业降低生产成本、提高产品质量。

该方案在很多领域已经实现了落地应用。例如，在电子制造业的电子组件制造和装配过程中，该方案能够检测到微小的缺陷，如焊点不良、元件错

位等,从而确保产品符合质量标准。在某品牌手机制造过程中,该方案被用于检测电路板的焊接质量,显著提高了检测速度和准确性。

在汽车制造业中,该方案被应用于车身涂装、装配质量检测等环节,能够精确识别涂层厚薄不均匀、零部件安装不当等问题。在某汽车企业的制造工厂中,该方案被用于检测车身漆面,有效地减少了漆面缺陷,提升了整车的外观质量,为工厂带来了更多经济效益,强化了该企业的竞争优势。

当前,智能质检在工业制造、食品生产等多个领域实现了广泛应用。未来,随着 AI 技术的发展,智能质检的应用范围将进一步拓展,助力更多产品的生产与质量检测。

10.3.3 西门子:携手微软优化生产

作为制造领域的龙头企业,西门子在发展过程中积极探索新技术,通过与微软的合作引入新技术,实现工业设计、制造等多个流程的优化。

基于双方的合作,西门子产品生命周期管理软件 Teamcenter 和微软的协同软件 Teams、Azure OpenAI 服务实现了集成。这大幅提升了西门子跨职能部门的协作能力,同时赋能软件开发、报告生成、质量检测等工作,提升西门子的自动化生产水平。

通过此次合作,西门子在微软的帮助下简化工作流程,打造更加和谐的协同环境。这主要体现在以下三个方面:

1. 促进内部协同

集成微软 Teams 软件的 Teamcenter 实现升级,助力工程师、操作人员和不同部门的工作人员快速实现闭环回馈。在新软件的助力下,操作人员可以通过自然语言记录产品存在的问题。同时,在 Azure OpenAI 服务的助力下,该软件可以解析接收到的语言数据并生成总结报告，发送给相应的工程师。

同时，微软 Teams 软件还提供各种便利功能，如推送通知以简化审批工作、缩短提出设计变更请求的时间等。微软 Teams 软件与 Teamcenter 集成，可以为工作人员提供更多支持，使其能够更便捷地参与产品设计和制造流程。

2. 驱动生产自动化

西门子和微软共同帮助工程师加快 PLC 的代码生成。在 2023 年 4 月举办的汉诺威工业博览会上，西门子和微软共同展示了如何借助 ChatGPT、Azure OpenAI 服务等提高西门子的工业自动化水平，包括如何使用自然语言生成代码、如何实现软件的错误识别并生成解决方案等。双方的合作极大地提升了西门子产品生产的自动化水平。

3. 利用工业 AI 检测产品缺陷

在生产过程中尽早检测到产品存在的缺陷，能够避免后期生产调整所耗费的巨大成本。借助计算机视觉工业 AI，企业能够更精准地识别出产品差异，快速调整，轻松实现产品质量控制。

在 2023 年的汉诺威工业博览会上，微软和西门子共同展示了如何借助 OpenAI 的 ChatGPT 及其他 Azure AI 服务增强西门子的工业自动化解决方案，借助 AI 系统对摄像机捕捉到的内容进行分析，并将其用于车间构建、车间运行等场景中。

借助微软的 Azure OpenAI 服务，西门子实现了智能制造的进一步深化发展，在内部协作、生产自动化、生产质量提升等方面都实现了优化。

第 11 章
智慧物流：重塑物流新生态

对企业而言，物流管理是确保原材料运输、产品仓储和调度等环节顺畅运作的关键。在物流管理方面，企业需要积极引入先进技术，明确实现智慧物流的路径，从而构建一个符合自身发展需求的智慧物流体系。

11.1 智慧物流的三大优势

智慧物流具有优化流程、优化服务、节能降碳三大优势。智慧物流体系能够帮助企业提高物流效率和服务质量，实现可持续发展。

11.1.1 优化流程，物流运输降本增效

随着市场需求的不断演进，用户对物流效率的期望值持续攀升。为了满足这些日益增长的需求，智慧物流应运而生，它通过整合先进技术和智能设备，实现了物流流程的数字化和自动化升级。智慧物流在提高效率和降低成本方面表现出色，具体体现在以下三个方面：

1. 仓储自动化

借助 AI、大数据等技术，仓库管理系统变得智能化、自动化。系统能

够实时监测库存水平、预测需求，并优化货物的存储和调度，提高库存利用率和订单处理速度。同时，基于电子标签技术、自动分拣系统等，仓库中的货物分拣、搬运、堆垛等工作都可以交给智能机器人完成，提高了仓库运作的自动化程度和效率。

2. 运输自动化

配送机器人、无人机等智能设备在物流运输中的应用减少了人为干预，提升了物流的自动化程度和货物运输的安全性和效率。在运输路径优化方面，大数据和智能算法等技术可应用于运输路径规划，减少不必要的绕路和等待时间，降低运输成本并提高运输效率。

3. 物流信息管理自动化

基于先进的信息管理系统，自动化物流系统能够实现物流信息的全面记录、无缝对接和智能化处理。系统可以自动获取订单信息、库存信息、运输信息等，并进行快速、准确的分析。在供应链协同方面，通过信息共享和业务协同，各方可以更准确地进行需求预测和资源调配，提高供应链的整体协同效率。

综上所述，通过在仓储、运输和信息管理等多个方面的自动化升级，智慧物流显著提升了物流效率，同时有效降低了运营成本。

11.1.2　优化服务，提升服务质量与用户体验

在以往的物流运输中，爆仓丢包、用户信息泄露等问题屡见不鲜，而智慧物流能够在很大程度上规避这些问题，提升服务质量，优化用户体验。具体而言，智慧物流可以从以下三方面优化用户体验，如图 11.1 所示。

```
01 —— 避免丢失与冒领
02 —— 保障信息安全
03 —— 智能化信息交互
```

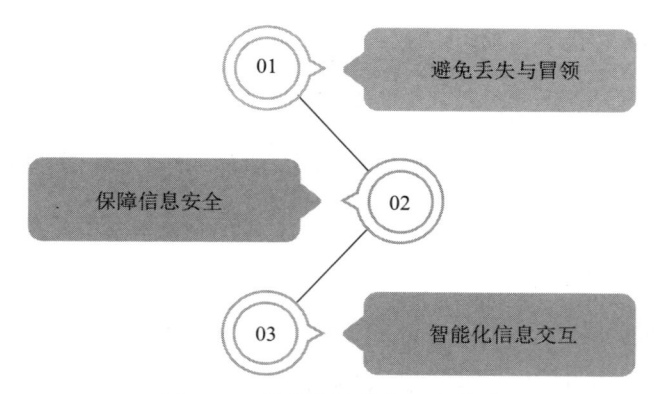

图 11.1　智慧物流优化用户体验

1. 避免丢失与冒领

在物流运输的出库、装卸、配送等环节，可能会出现货物丢失、冒领等问题。而借助无线射频识别技术，企业可以实现对物流信息的自动采集、自动识别与追踪，实时了解货物状态。这能够提高物流运输和配送的安全性和准确性，提升用户体验。

2. 保障信息安全

在寄收快递方面，数字技术能够对快递信息进行加密，充分保障用户信息安全。例如，企业可以借助数字技术向用户、快递员等提供快递虚拟号服务，避免用户的真实电话信息被泄露。

3. 智能化信息交互

智慧化的物流系统能够通过多渠道沟通的方式，实现用户与企业间的互动。用户能够通过手机 App、网页等，了解订单状态、物流轨迹、预计送达时间等。同时，企业也可以通过短信、电话等方式及时向用户传递订单最新信息，为用户提供贴心的服务。

综上所述，智慧物流不仅能够保障物流运输过程的安全性，还能够保障用户信息安全，为用户提供贴心服务。这些都有助于提升用户体验和用户满意度。

11.1.3 节能降碳，物流绿色可持续发展

绿色低碳物流是智慧物流的一个重要发展趋势。这一趋势是对环境保护和可持续发展的积极响应，也是企业实现物流转型、提升竞争力的必然选择。

绿色低碳物流的兴起受多种因素的驱动。

（1）基于环境保护的要求，各种环保政策纷纷出台，鼓励企业采取绿色低碳的发展路径。

（2）用户对环保的关注度日益提高，他们更愿意选择环境友好型产品和服务。

（3）物联网、大数据等技术的发展为绿色低碳物流的实现提供了技术支持。这些因素共同作用，促使企业采用更加环保的运输方式、包装材料，推动物流业务向绿色低碳方向转型。

目前来看，企业探索绿色低碳物流的方式主要有如图 11.2 所示三种。

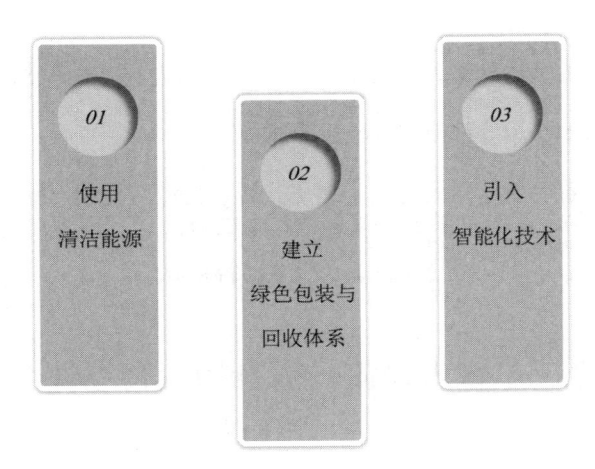

图 11.2　企业探索绿色低碳物流的方式

1. 使用清洁能源

在运输方面,一些企业更倾向于使用清洁能源,如使用电动汽车、将大型水运船舶从燃烧重油改造为使用氨燃料动力等,以减少运输中的碳排放。例如,上汽集团委托中国船舶集团建造清洁能源汽车运输船"申诚号",大幅减少了碳排放。

2. 建立绿色包装与回收体系

在包装方面,绿色环保包装材料,如竹纤维包装、无胶带可折叠的快递包材等受到了许多企业的青睐。同时,不少企业建立了完善的包装回收体系,以实现包装材料的循环利用,降低资源消耗。例如,可口可乐、联合利华等企业都建立了包装回收体系,实现了包装材料的回收和再利用。

3. 引入智能化技术

大数据、物联网等智能化技术与物流的结合为绿色低碳物流提供了技术支持。一些企业已经基于智能化技术实现了物流的智慧化管理,如优化运输路线、减少重复运输等,同时推动公路、铁路、水运等多种运输方式的协同,进一步降低碳排放。例如,京东在物流运输中引入了大数据、AI等技术,搭建了智能化的运输网络,实现了货物的智能配送。运输路线的优化、清洁能源运输工具的使用等都能有效减少碳排放。

未来,随着企业探索的进一步深化,智慧物流将持续向绿色低碳的方向发展,实现可持续发展的目标。

11.2 先进技术融入物流,提升物流智慧性

物联网、大数据、AI等先进技术在物流领域的应用大幅提升物流的智

慧性。在这些技术的支持下，物流数据能够得到充分利用，物流各环节能够实现智能连接，整个物流体系向智慧化方向转型。

11.2.1 物联网助力物流运输透明、高效

通过将各种物流设备相互连接，物联网能够感知并收集物流过程中的各类数据，从而实现对货物的定位、跟踪和物流管理的透明化。物联网在物流行业的应用主要体现在如图 11.3 所示三个关键领域。

图 11.3 物联网应用的领域

1. 货物仓储

传统仓储需要人工扫描货物、录入数据，工作效率低下，而且仓库区域划分不清晰，货物堆放混乱。将物联网与传统仓储结合起来，打造智能仓储管理系统，可以提高货物的出入库效率，扩大仓库的容量，降低人工成本。此外，智能仓储管理系统还能实时监控货物的出入库情况，提升交货的准确率，并确保及时完成收货入库、拣货出库等工作。

2. 运输监测

利用 GPS 进行运输流程的可视化管理，企业可以实时监控运输的货物的温湿度情况以及车辆的状况。在货物运输过程中，动态监测货物、司机和

车辆的信息对于提高运输效率、降低运输成本和减少货物损耗至关重要。这有助于实现物流作业的透明化和可视化管理。

3. 智能快递终端

智能快递柜是一种得到广泛应用的物流终端设备。基于物联网，智能快递柜具有对货物进行识别、存储、监控和管理的功能，与PC服务器共同构成智能快递投递系统。货物被送达指定地点并存入快递终端后，智能系统会自动向用户发送短信，包括取件地址、取件码等信息，用户可以在24小时内随时去智能终端取件。

综上所述，物联网在物流领域的应用能够助力企业构建一个全流程可视化的动态运输网络，全方位提升物流运输过程的透明度。

11.2.2 大数据盘活物流数据

大数据技术具有强大的数据采集和分析能力，能够深度挖掘数据价值。在物流领域，大数据能够盘活物流数据，为智慧物流提供强大的支撑。

（1）在路径优化方面，大数据可以分析道路拥堵情况、车辆运行状况、货物配送地点等信息，提供最优的配送路径。

（2）在仓库管理方面，通过对仓库货物数量、种类、存放位置等数据的监控和分析，大数据能够预测库存需求，及时补货或调拨，避免库存积压或短缺。同时，大数据也能够优化货物分拣和出库流程，提高仓库作业效率。

（3）在物流预测方面，大数据能够通过对历史数据的收集与分析预测未来的物流需求。这有助于企业提前规划运力，降低物流成本。同时，通过大数据分析，企业能够准确掌握运输资源的分配情况，实现资源的优化配置，避免资源浪费。

（4）在提升用户体验方面，大数据能够分析用户的行为和需求信息，便于企业提供个性化的用户服务，如定制化配送时间、包装要求等，提升用户体验。

在智慧物流方面，一些企业已经借助大数据打造了数智化的物流系统。例如，某制造企业运用大数据技术充分挖掘数据资产的价值，将人、车、货、企连接起来，实现物流配送全面数智化。

货运物流承担着运输生产生活所需基本物资的责任，其中，公路货运承担了大部分货运量，被称为推动经济发展的"大动脉"。12 吨以上的重载货车（如半挂车、自卸车）是公路货运的主力军。该企业从这些车型入手，将百万级规模的货车信息录入车联网系统，使货车数字化，成为可以流动的数据要素。

该企业还收集了这些货车的常跑路线、平均货运量、运行轨迹、订单数据等信息，并基于此推出自动监管、超速提醒、轨迹查询等服务，有效提高了公路货运的安全监管水平。

除了将货车数字化外，该企业还通过物流科技能力平台盘活人（货车司机）、货（客户的货物运输需求）、企（制造业企业和客户企业）等数据要素。基于大数据、AI、物联网等技术，这些数据要素被转化为科技能力，如智能调度、运力管理、智能轨迹纠偏、运输时效管理等。根据不同客户的不同运输需求，这些科技能力可以组合成不同的解决方案，为客户提供有针对性的物流运输服务。

通过盘活人、车、货、企等数据，该企业实现了物流运输全程可视化管理，既实现了效益、效率提升，又实现了物流运输模式升级。

11.2.3　AI 优化物流管理

在建设智慧物流的过程中，企业需要强化物流管理，建立灵活的物流管理体系，妥善应对各种物流风险，保证物流运输的稳定性。AI 在物流领域的应用，能够促进物流的智慧化管理。

某制造企业建立了自己的物流体系，并打造了智能化的物流管理平台，实现了物流的智慧化管理。该平台能够整合企业的全部物流网络，收集每个包裹在运输过程中的走向、天气、环境、用户交付地点及日期等全方位的实时数据。

在 AI 的加持下，该平台能够自主分析数据，建立相关模型，为用户提供更为完善的物流方案。随着数据的积累，AI 的自适应算法、深度学习等能力促使平台不断优化数据分析报告，为用户提供更加丰富、精准的见解。

利用 AI 算法构建数智化平台，及时处理物流体系运转过程中产生的实时数据，企业可以归纳导致相关环节出现问题的因素组合，并分析不同组合对物流体系的潜在影响，从而预测物流体系在未来一段时间内可能面临的风险和变动。在此基础上，AI 利用其深度学习能力掌握所有因素组合，分析其出现的可能性，有针对性地提出应对策略，进一步确保物流体系安全、可控。

综上所述，AI 与物流体系的结合能够提升物流体系的智能性，帮助企业打造具备较高弹性的数字物流体系，使其在市场竞争中占据有利地位。

11.3　企业布局智慧物流核心路径

在布局智慧物流方面，京东、海尔等知名企业已经有了良好范例。企业可以借鉴这些企业的成功经验，打造符合自身需求的智慧物流体系。

11.3.1　京东：集成智能设备，优化物流系统

集成各种智能设备以优化物流系统、提升物流效率，是企业布局智慧物流的有效路径。在这方面，京东有了良好示范。在仓储和配送方面，京东引入了多样化的智能设备，显著提升了物流效率。

1. 智能仓储设备

在仓储方面，京东集成了自动堆垛机、AGV、智能分拣机等智能设备，实现了仓储的智能化运作。

自动堆垛机能够自动完成货物储存和提取任务；AGV能够在仓库内自主运行、调度，实现货物的自动搬运和配送；智能分拣机能够自动进行分拣、分类和打包等工作，实现货物的快速处理和分发。这些设备的应用可以提高仓储作业的自动化程度，降低人工成本和错误率。

2. 智能配送设备

在配送方面，京东打造了智能配送车、无人机等智能配送设备。

（1）智能配送车。智能配送车具备自动驾驶和智能调度能力，能够根据路况和订单信息自动规划配送路线，减少空驶和等待时间，提高配送效率。目前，智能配送车已经在北京、上海等城市投入使用，为用户提供便捷的配送服务。

（2）无人机。无人机具备长距离飞行、精准投放和自主避障等能力，在偏远地区和紧急情况下可以实现快速配送。目前，京东的无人机已经进行了试点运营，有望在未来得到广泛普及。

除了集成各种智能设备外，京东还建立了智能管理系统，通过大数据、

云计算等先进技术对智能设备进行监控和管理。智能管理系统能够根据作业安排优化智能设备的配置，提高物流效率。

11.3.2 海尔："一流三网"的智慧物流模式

作为业内领先的制造巨头，海尔十分重视物流管理，并在发展过程中逐渐构建了"一流三网"的智慧物流模式。

该模式充分体现了智慧物流的特点："一流"是以订单信息流为核心；"三网"分别是全球供应链资源网络、计算机信息网络、全球配送资源网络。"三网"同步运行，为订单信息流的增值提供支持。

在物联网和计算机信息管理系统的支持下，海尔通过三个准时制生产方式（just in time，JIT），即JIT采购、JIT配送和JIT分拨物流，实现了物流管理的同步。所有供应商都通过海尔的原材料网上采购（B2B procurement，BBP）平台在网上接收订单，下达订单的周期由原来的7天以上缩短到1小时以内，而且准确率高达100%。此外，供应商还可以在网上查询库存、配额、价格等信息，及时进行JIT采购，避免缺货。

海尔对自己的物流体系进行了全面改革，从最基本的物流容器单元化、标准化、集装化、通用化，到原材料搬运机械化，再逐步深入到工厂的定点送料、日清管理，实现了库存资金的快速周转，库存资金周转速度由原来的30天以上缩短到12天。

根据订单需求，生产部门完成生产后通过海尔的配送网络将产品送到用户手中。海尔的配送网络从城市扩展到农村，从沿海扩展到内地，从国内扩展到国际。凭借大量的配送车辆和完善的调配管理，海尔可以做到物流中心城市6~8小时配送完成，区域内24小时配送完成，全国主干线分拨配送平均 4.5 天完成，形成了完善的分拨物流体系。

物联网将企业外部合作伙伴、CRM 平台和 BBP 平台连接在一起，架起了海尔与全球用户、全球供应商沟通的桥梁，实现海尔与其之间的零距离互动交流。

海尔的"一流三网"形成了完整的物流、商流、资金流的同步流程体系，从根本上打破了自循环的封闭体系，扭转了企业以单体参与竞争的局面，使企业能快速响应市场，以最低的物流成本向用户提供具有最大附加值的服务。

第 12 章
智能营销：营销新模式更新体验

营销是企业与用户建立联系并实现产品销售的关键环节。通过智能营销的深入探索，企业能够利用各种先进技术精准地洞察用户需求。这使得企业能够实施个性化营销策略，同时通过详尽的数据分析不断优化营销方案，从而提高营销活动的效率。此外，智能营销的新模式不仅能够为用户提供个性化的体验，还能显著提升用户的满意度。

12.1 技术支持的营销新模式

大数据、大模型、虚拟技术等先进技术在营销领域的应用催生了丰富的营销新模式，使企业能够以多样化的营销玩法给用户带来新奇的体验，提升用户参与度和营销效率。

12.1.1 大数据助力，实现精准营销

借助大数据分析的结果，企业能够精准把握用户需求，实现精准营销。具体而言，大数据能够从三个方面助力企业精准营销，如图 12.1 所示。

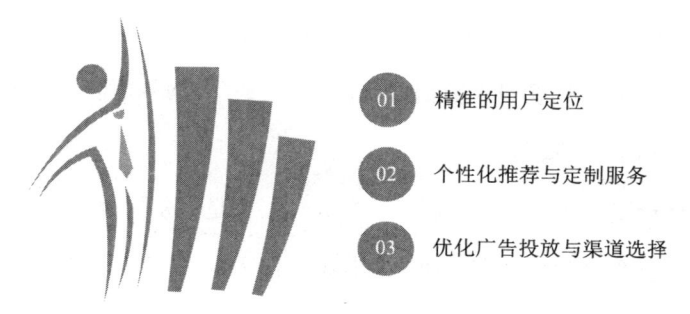

图 12.1　大数据助力精准营销

1. 精准的用户定位

借助大数据技术，企业可以综合分析用户的购买记录、浏览记录、社交媒体行为等多维度数据，构建出详细的用户画像。用户画像不仅能够展示用户年龄、性别等基本内容，还能够洞察用户的消费习惯、消费偏好及潜在需求。基于用户画像，企业可以对目标市场进行细分，针对不同用户群体制定差异化的营销策略。

2. 个性化推荐与定制服务

通过分析用户的购买历史和行为模式，大数据能够预测用户的未来需求，并据此提供个性化的产品推荐和定制服务。这不仅提高了用户的购物体验，还显著提升了转化率。同时，企业可以根据用户反馈和数据分析结果不断优化产品，以满足用户的个性化需求。

3. 优化广告投放与渠道选择

通过分析用户的触媒习惯和广告接受度，企业可以精准定位广告的目标受众，并选择合适的媒体和渠道进行投放。这能够提高广告的曝光率和点击率，提升营销效果。

在借大数据进行精准营销方面，海尔作出了成功探索。基于在大数据方面的技术优势，海尔打造了社会化客户关系管理（social customer relationship management，SCRM）会员大数据平台。基于该平台，海尔能够了解用户需求，进行数字化精准营销。

　　SCRM 会员大数据平台以用户数据为核心，是海尔的企业级用户数据平台。SCRM 会员大数据平台打通 8 类数据，深入分析用户的需求和喜好，海尔可据此设计和生产产品。基于 SCRM 会员大数据平台，海尔不断探索移动互联网时代的大数据精准交互营销，并顺势推出"梦享+"社交化会员互动品牌。

　　"梦享+"是海尔的上层会员平台，产生的海量数据被存储在 SCRM 会员大数据平台上。对海尔来说，除了会员数据外，产品销售、售后服务、官方网站以及社交媒体等方面的数据也非常重要。

　　SCRM 会员大数据平台存储了海量用户数据，海尔对这些用户数据进行了清洗、融合和识别。利用数据挖掘技术，海尔可以预测用户什么时候需要购买家电，从而进行精准营销。同时，海尔还可以了解到哪些用户比较活跃，重点满足他们的需求，实现交互创新。

　　此外，为了开展精准交互营销，SCRM 会员大数据平台还开发了两款产品：海尔营销宝和海尔交互宝。它们的主要作用是帮助设计师和研发人员更全面地了解用户需求、受欢迎产品的特征、用户兴趣分布以及可参与交互的活跃用户等信息。

12.1.2　大模型赋能营销，内容智能生成

　　大模型具有强大的内容生成能力，借助大模型，企业能够高效生成文案、海报、视频等内容。同时，大模型还能够实现内容定制化，即能够根据企业

的需求，并结合品牌定位、产品特点、目标用户等信息，生成个性化的营销内容。大模型在营销领域的应用变革了营销内容产出方式，使企业能够高效地进行内容营销。

针对营销领域，百度利用其在大模型技术上的优势，成功打造了名为"擎舵"的营销平台。该平台专注于从文案、图像和数字人视频三个方面生成高质量、定制化的营销内容，旨在提升营销效率的同时，助力企业实现智能营销。

真人出镜拍摄广告流程复杂、耗时长、成本高，需要经过策划、选人、拍摄、后期制作等环节，难以实现规模化复制。针对这一问题，擎舵打造了AI数字人生成平台，在采集数据后便可生成数字人分身和口播视频。

AI数字人生成平台制作视频的步骤十分简单，仅需三步：首先，用户输入产品的特色、宣传点等，生成口播文案；其次，用户选择心仪的数字人进行视频创作；最后，用户选择模板并添加文案，即可获得一条视频广告。

当前信息泛滥，想要产出使用户眼前一亮的营销内容不容易，而在擎舵的助力下，企业可以轻松将以往难以实现的创意变成现实。擎舵能够生成优质创意，融合图像、语音、数字人等技术生成定制化营销内容，提升企业的营销效率。

擎舵广受好评，与多家企业展开了深度合作，共同探索创意营销新玩法。未来，随着平台的不断迭代和应用场景的拓展，擎舵将为更多企业的营销赋能。

12.1.3　虚拟技术融入营销，带来沉浸式体验

增强现实（augmented reality，AR）、虚拟现实（virtual reality，VR）等虚拟技术在营销场景的应用，能够打造新奇的沉浸式体验，吸引更多用户

的关注。

1. AR

AR能够在现实环境中叠加计算机生成的图像、声音或其他感官增强元素，通常通过智能手机、平板电脑或专门的AR眼镜实现。用户通过设备的摄像头看到现实世界的同时，屏幕上会显示虚拟图像，呈现一种现实世界与虚拟世界结合的效果。

借助AR，企业能够打造虚拟与现实结合的营销场景，用户可以通过AR设备、手机扫描等方式与虚拟场景进行交互。例如，企业可以借助VR打造趣味性的"寻宝"活动，为用户发放优惠券，激发用户的购物欲。

2. VR

VR技术能够打造一个虚拟场景，并将用户带入其中，实现用户与虚拟场景的互动，有助于企业开辟新的营销空间。在虚拟场景中，用户能够亲身体验产品或服务，获得身临其境的沉浸式体验，从而加深对产品或服务的认知。

为了推广新款汽车，奥迪（中国）采用创新的VR体验方式来吸引潜在消费者。奥迪（中国）在多个购物中心和繁华地段设置了专门的VR体验区。消费者佩戴上VR头显，就能进入一个高度逼真的虚拟环境中，体验驾驶奥迪新款汽车的感觉。这种体验不限于视觉效果，还包括声音、振动等多方面的感官刺激，以增强真实感。

此外，VR体验还特别设计了多个场景和路线，模拟了城市、越野探险等不同的驾驶环境，使消费者能够全面了解奥迪汽车的性能。这种互动式的体验营销不仅加深了消费者对奥迪品牌的印象，还提高了产品的吸引力。

通过创新的VR营销策略，奥迪（中国）成功地将传统汽车展示与现代科技相结合，给消费者提供了独特的体验。这不仅使奥迪在竞争激烈的汽车市场中脱颖而出，还展示了 VR 技术在未来营销中的巨大潜力。

12.2 布局智能营销的核心要点

在布局智能营销的过程中，企业需要关注多个要点，包括打造数据驱动的营销策略、借助智能工具提高营销效果等。通过实施科学的策略和智能化的营销方式，企业能够显著提升营销效果。

12.2.1 打造数据驱动的科学营销策略

想要实现智能营销，企业需要打造数据驱动的科学营销策略。具体而言，企业需要做好五个方面，如图 12.2 所示。

- 建立数据管理体系
- 数据分析与洞察
- 制定数据驱动的营销策略
- 实施与监控
- 持续优化

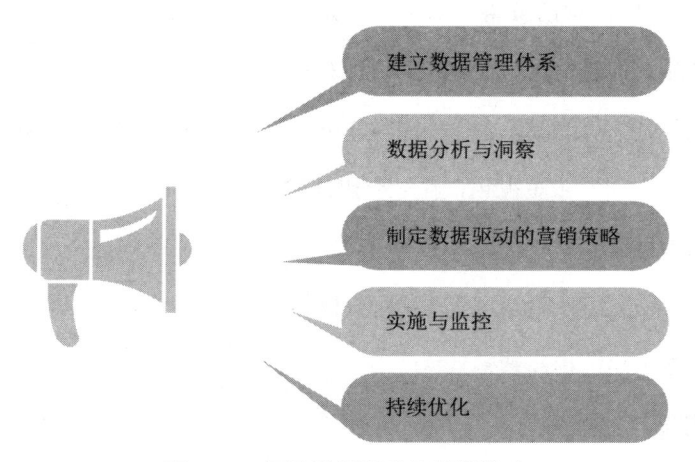

图 12.2　打造数据驱动的营销策略

1. 建立数据管理体系

在建立数据管理体系时，企业需要从多个渠道收集数据，包括销售数据、用户行为数据等内部数据，以及市场调研数据、竞争对手数据等外部数据。此外，企业需要构建数据平台，以实现统一的数据存储、整合与管理。

2. 数据分析与洞察

企业可以从以下三方面入手进行数据分析与洞察：

（1）市场趋势分析。通过分析市场数据，了解市场需求、竞争态势和行业趋势，为制定营销策略提供指导。

（2）用户行为分析。利用数据分析工具和方法，深入挖掘用户行为数据，了解用户的购买习惯、偏好、忠诚度等。

（3）销售数据分析。分析销售数据，包括销售额、销售渠道等，评估销售效率和效果，发现销售过程中存在的问题。

3. 制定数据驱动的营销策略

数据驱动的营销策略可以细分为三种策略：

（1）个性化营销策略。基于用户数据分析结果，制定个性化的营销策略，如产品、优惠信息个性化推荐，以提高用户满意度。

（2）内容营销策略。根据数据分析结果，创作符合用户兴趣和需求的高质量内容，如发布短视频、在社交媒体输出产品测评等，提高内容的吸引力和传播效果。

（3）渠道优化策略。通过数据分析评估不同营销渠道的营销效果，优化渠道投放策略，提高营销效率。

4. 实施与监控

在营销活动推进过程中，企业需要利用数据分析工具实时监控营销活动的效果，关注点击率、转化率等关键指标，并根据监控结果及时调整营销策略。

第 12 章 智能营销：营销新模式更新体验　177

5. 持续优化

在营销策略持续优化方面，企业需要定期对营销活动进行评估和总结，收集用户反馈，了解营销策略的优缺点和改进空间。同时，企业需要关注大数据、AI 等新技术的发展和应用趋势，积极探索新技术在营销中的应用场景，如利用 AI 算法进行智能推荐、利用大数据分析进行精准营销等。

通过采取以上措施，企业可以制定数据驱动的营销策略，完善营销体系，提高营销效率和效果。

12.2.2　借助智能营销工具，提高营销效果

在营销过程中，企业可以借助一些智能营销工具提升营销效果。这些工具基于大数据、AI 等技术，能够帮助企业更精准地定位目标用户、优化营销策略、提升用户体验和转化率。

企业可借助的智能营销工具包括但不限于以下几种：

1. 营销自动化平台

HubSpot、Marketo 等营销自动化平台能够自动执行营销活动，如邮件发送、社交媒体推广、广告投放等，同时基于用户行为和数据，提供个性化的营销信息，提高用户转化率。此外，这类平台还具有数据分析功能，能够帮助企业评估营销活动的效果，优化营销策略。

2. AI 营销助手

Jasper AI、Phrasee 等 AI 营销助手能够利用自然语言处理技术自动生成营销文案、社交媒体帖子、电子邮件等内容。针对企业的营销需求，其能够通过自然语言生成系统和机器学习算法优化品牌语言，提高营销信息的吸引力和说服力。此外，基于用户数据和行为，其能够提供个性化的产品推荐和

营销信息。

3. 社交媒体管理工具

Hootsuite、Buffer 等社交媒体管理工具支持对微博、微信、抖音等多种社交媒体平台的管理。在内容发布方面，其支持提前制订内容发布计划，自动或手动发布内容。此外，这些工具具有社交媒体数据分析功能，能够帮助企业了解用户互动情况，优化社交媒体营销策略。

借助以上工具，企业能够有效实现精准化、自动化营销，从而提升营销效能，吸引更多目标受众。企业应根据自身的具体需求，选择合适的智能化营销工具，以确保营销活动的成功。

12.2.3 搭建营销数据中台，助力营销业务

为了实现高效的智能营销，企业可以搭建营销数据中台，以统一的平台收集、管理营销数据，并实现营销数据的充分利用。

从架构上来看，营销数据中台包括三大部分，如图 12.3 所示。

01 One ID 体系

02 数据中间层

03 数据应用层

图 12.3　营销数据中台

1. One ID 体系

One ID 体系在营销数据中台中起到基础支撑作用。One ID 体系包括

CID（公司 ID）、UID（用户 ID）、LID（线索 ID）等，为数据的整合和追踪提供了统一的标识。

2. 数据中间层

基于 One ID 体系，企业能够构建一个数据中间层。这一层内容包括公司名称、行业等企业客户信息；用户电话号码、姓名、邮箱等用户个人信息；用户点击行为、浏览行为等交互行为信息。

3. 数据应用层

数据应用层包括用户画像、用户标签、用户评分等内容，为营销业务场景提供支持。

营销数据中台基于对用户数据、营销数据的整合，为企业营销活动提供支持，提升营销转化率。这种支持体现在以下三个方面：

（1）营销数据中台支持官网的精准投放。在没有营销数据中台前，用户在企业官网看到的是同样的内容。而在营销数据中台 One ID 体系的支持下，只要用户浏览过官网或参加过营销活动，再打开官网时看到的就是定制化的营销内容。

（2）营销数据中台支持用户精准培育。企业向用户发送邮件、短信时，可以实现精准的定向发送。这能够减少对用户的打扰，同时提升邮件或短信打开的概率。

（3）营销数据中台能够完善用户画像，赋能销售。借助营销数据中台，企业获得的不再是孤立的销售线索，而是包括用户基本信息、交互时间轴等在内的丰富信息，这使得企业能够对用户有更全面的了解，有助于企业有针对性地与用户沟通，提升转化率。

总之，企业通过搭建完善的营销数据中台，能够有效汇总和利用营销数据，把握营销线索，促进营销转化。

12.3 智能营销持续优化

在搭建起智能营销体系后，企业还需要对其进行持续优化。这具体包括营销渠道优化、用户体验优化，能够确保企业的营销活动与时俱进，进一步提升营销效果。

12.3.1 营销渠道持续优化

营销渠道优化是一个持续且复杂的过程，企业需要做好三个方面的工作，如图 12.4 所示。

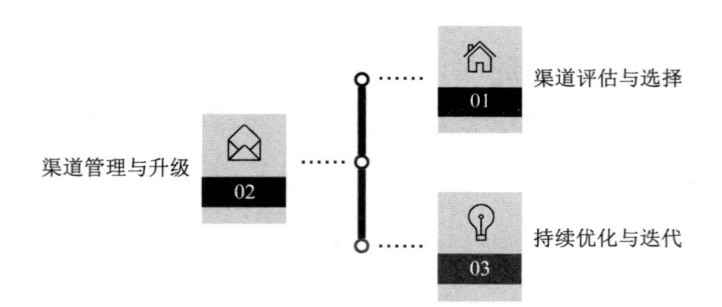

图 12.4 营销渠道优化的要点

1. 渠道评估与选择

企业需要定期对现有营销渠道的效果、成本、覆盖范围以及用户反馈等进行评估。通过评估，企业可以了解哪些渠道表现良好，哪些渠道需要改进或淘汰。根据市场分析和渠道评估结果，企业可以制定多元化的渠道布局策略。这包括拓展新的营销渠道，如社交媒体、电商平台等，以及优化现有渠道，如提升线下门店的购物体验、优化线上店铺的页面设计等。

2. 渠道管理与升级

在渠道管理方面，企业可以引入先进的数字化工具，如营销自动化平台，对营销渠道进行统一管理。这些工具可以帮助企业更好地管理用户信息、分析营销数据以及制定更精准的营销策略。

在渠道升级方面，企业可以在营销渠道中引入智能化元素，如智能客服、智能推荐系统等。这些智能化元素能够提升用户的购物体验，同时降低企业的运营成本。

3. 持续优化与迭代

（1）企业需要建立有效的反馈机制，及时收集用户和渠道合作伙伴的反馈意见。这些反馈意见可以帮助企业了解营销渠道的问题和不足，为持续优化提供依据。

（2）企业需要针对营销渠道进行持续的创新。通过不断尝试新的渠道和策略，企业可以发现更多的市场机会和增长点。

通过以上努力，企业可以不断提升营销渠道的效率和竞争力，从而实现可持续发展。

12.3.2 用户体验持续优化

用户体验直接关系到营销转化率，因此在营销过程中，企业需要持续优化用户体验。具体而言，企业可以从两个方面出发优化用户体验。

（1）企业可以引入个性化推荐、智能客服等智能化系统。个性化推荐系统能够分析用户的浏览历史、购买记录、搜索行为等数据，利用机器学习算法构建个性化推荐模型，向用户推送符合其兴趣和需求的产品，从而提高用户满意度和转化率。智能客服系统能够提供24小时在线服务，快速响应用户咨询；能够理解自然语言，提供准确、及时的解答；甚至能够处理一些复杂的咨询，提升用户体验。

（2）企业可以采取一些创新的营销方式提升用户参与度。例如，企业可以利用社交媒体平台，如微博、抖音等进行内容营销和互动营销，通过发布有趣、有价值的内容吸引用户关注，并利用社交媒体的社交属性促进用户之间的分享和传播。再如，企业可以借助直播平台进行直播营销。直播营销能够直观展示产品特点和使用效果，激发用户的购买欲望。

在创新营销方式、优化用户体验方面，广汽传祺积极探索，通过广汽传祺App极大地提升了用户体验。

在服务方面，广汽传祺App实现了线上购车服务全流程覆盖，包括线上签约、按揭、支付和车险购买等，大幅缩短了从用户下单到提车的等待时间。

同时，广汽传祺App推出了用户沟通IP小祺、公益活动IP益祺行等。这些IP广泛应用于营销宣传活动中，拉近了品牌与用户的关系。此外，广汽传祺App还会举办多样的用户活动，如社区活动、公益活动等，增强了用户的归属感和品牌忠诚度。

广汽传祺借助旗下App推出了一系列创新营销策略，拓展了营销新渠道，同时成功优化了用户体验，加深了用户与品牌的连接。

第 13 章
智慧服务：客户关系维护与强化

通过完善的智慧服务，企业能够更好地维护客户关系，提升转化率并促进客户重复购买。在具体操作上，企业需要借助先进技术打造更加智慧的服务系统，提供多样化的智慧服务，并积极探索智慧服务新模式，带给客户更加优质的体验。

13.1 布局智慧服务两大要点

布局智慧服务有两大要点：创新服务模式；优化服务流程。把握好这两个要点，企业能够对原有服务体系进行智慧化升级，提高服务效率和效果。

13.1.1 服务模式创新，优化体验

服务模式创新能够优化客户体验，助力客户留存和转化。在这一创新过程中，企业应始终坚持以客户为中心的原则，紧密关注并聚焦客户需求，从服务内容创新和服务渠道创新两方面入手。

1. 服务内容创新

服务内容创新需要从企业的核心产品入手，这样才能更好地发挥企业的

优势。例如，汽车生产制造企业提供汽车维修、保养、车检等一体化服务，家用电器制造企业提供电器上门安装、使用指导、维修等服务。企业需要围绕核心产品，加大系统化技术与关联性技术研发力度，为客户提供配套衍生产品及专业化、一体化的服务，从而提升综合效益。

同时，企业可以建立专业的咨询团队，为客户提供一对一的个性化服务，解答客户在产品选择、产品使用过程中的疑问，并给出切实可行的问题解决方案。

2. 服务渠道创新

在服务模式创新的过程中，企业需要探索服务渠道的创新。例如，企业可以借助电商平台、社交平台等多种互联网平台在线上销售产品，为客户提供产品信息咨询、售后等服务，拓宽服务渠道。

为了提升服务质量，企业应当构建一个多元化的服务体系。这包括建立并维护多种沟通渠道，如电话、电子邮件、官方网站客服、社交媒体客服等，以便客户能够根据个人偏好选择合适的沟通方式。此外，企业必须确保不同渠道之间实现无缝连接，从而保证信息的同步和连贯性，进而优化客户的整体体验。

为了进一步提升服务的便捷性和效率，企业还可以开发专属的移动应用程序，为客户提供自助查询、报修等操作，以及时解决客户问题。

数智化技术的发展使越来越多的服务方法与渠道进入大众视野，企业为客户提供服务有了更多的选择。随着市场竞争越来越激烈以及消费需求趋于个性化、多样化，墨守成规、拒绝创新的企业难以长久生存。企业需要根据自身实际情况以及消费者的需求，对服务模式进行创新、升级，这样才不会轻易被市场淘汰。

13.1.2 服务流程优化，提高效率

优化服务流程能够有效提升服务的响应效率和问题的解决率，提升客户体验。在服务流程优化方面，企业需要注意如图 13.1 所示要点。

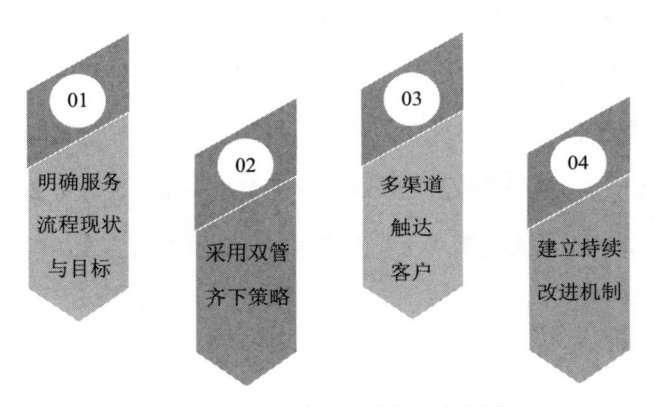

图 13.1 企业优化服务流程的要点

1. 明确服务流程现状与目标

企业需要对现有服务流程进行全面的梳理和评估，明确各环节的运作效率和存在的问题。在此基础上，企业可以结合服务流程现状和客户需求，明确服务流程优化的目标。

2. 采用双管齐下策略

在服务流程优化方面，企业应采取双管齐下的策略。一方面，简化流程，去除不必要的环节，使服务更加简洁高效；另一方面，实现服务流程标准化，进一步明确不同服务流程的操作规范，确保客服能够按照统一的标准提供服务。此外，企业还需要引入客户管理系统、在线客服平台等技术系统和平台，实现服务流程自动化，提升服务效率。

3. 多渠道触达客户

在优化服务流程过程中，企业还需要多渠道触达客户。例如，企业可以通过官方网站、社交媒体等多种渠道提供售前咨询服务，解答客户关于产品的疑问，为客户提供建议。在客户完成购买后，企业还需要为客户提供完善的售后服务，如产品安装、调试、维修等。

4. 建立持续改进机制

对原有服务流程进行优化后，企业还需要通过客户满意度调查、客服投诉等了解客户对当前服务流程的反馈，并据此进一步解决服务流程中存在的问题。此外，企业需要定期对服务流程进行评估，针对发现的问题制订改进计划，从而推进整个流程改进。

13.2　多样化的智慧服务探索实践

当前，企业在智慧服务方面的实践探索日益多样化，如提供汽车私人定制服务、个性化的售后服务等，旨在全方位满足客户需求。通过这些创新服务，企业不仅显著提升了客户体验，而且有效增强了自身的市场竞争力。

13.2.1　汽车私人定制，提供个性化服务

在智能制造时代，如果客户想要一辆定制化的汽车，只需要打开相关的汽车 App，就可以开始个性化定制。从汽车的各个配件到内饰，客户都可以根据个人偏好进行定制。

私人定制服务不仅仅停留在产品层面，更贯穿于整个购车过程中。从咨询与设计讨论，到生产和交付验收，每一个环节都体现了企业对客户的尊重。

此外，私人定制服务还伴随着一系列专属的售后服务，如定期保养提醒、专属客服等，确保客户在获得个性化产品的同时，也能获得与之匹配的优质服务体验。

在汽车领域，领先的汽车品牌如奔驰、宝马等，纷纷推出个性化的私人定制服务。以奔驰为例，作为深受客户喜爱的汽车品牌，奔驰汽车为客户提供私人定制服务，以满足客户对汽车的个性化需求。

客户可以通过奔驰的官方网站、经销商、定制中心等渠道进行汽车的私人定制。在平台上选择好自己喜欢的车型后，客户就可以对汽车进行个性化调整。这包括选择车身颜色、内饰材质与颜色、汽车配置、轮毂设计以及增加个性化标识等。

在客户选好私人定制的汽车并确定订单后，奔驰汽车就会根据客户的个性化要求进行汽车的生产制造。到了订单交付环节，奔驰汽车会让客户对汽车进行检查和验收，最终完成交付。

同时，奔驰还为客户提供专属售后服务。例如，通过智能互联系统为客户提供定期保养提醒服务；提供专业的专属客服，在车辆使用、保养和故障处理方面为客户提供帮助。

通过提供完善的私人定制服务，奔驰汽车能够根据客户的需求和喜好打造出完全符合客户心意的汽车，提高客户的满意度。同时，私人定制服务强化了奔驰汽车的竞争力，其品牌影响力也进一步提升。

13.2.2 优化售后服务，提供贴心服务

售后服务是企业探索智慧服务的重要阵地。在这方面，企业可以建立智能化的售后服务体系，快速响应客户反馈，及时解决客户问题。

企业可以从四个方面入手构建智能化的售后服务体系，如图 13.2 所示。

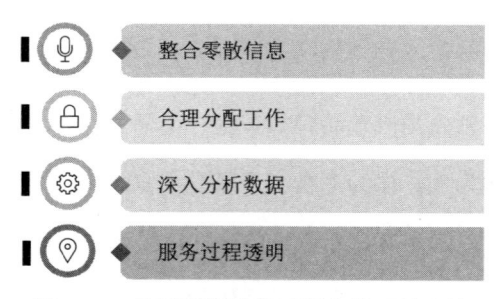

- 整合零散信息
- 合理分配工作
- 深入分析数据
- 服务过程透明

图 13.2　构建智能化售后服务体系的方法

1. 整合零散信息

只有了解客户，才能为客户提供更好的服务。企业应该将全部客户的信息统一记录在服务系统中，使服务人员可以随时随地调取产品及客户的相关信息。同时，企业还要在系统中添加大量的解决方案，帮助服务人员快速了解产品的参数、故障原因、维修进度等数据，进一步提升服务的质量和效率。

2. 合理分配工作

智能化的售后服务系统应该以服务流程为基础，将客户需求、仓库分布、备件库存等信息进行整合，从而为客户提供最佳的售后服务方案。同时，售后服务系统还会根据客户需求为其匹配合适的售后服务人员，根据客户的位置、预约时间、所需配件等信息为售后服务人员规划最优的服务路径。

3. 深入分析数据

在为客户提供服务的过程中，售后服务人员需要将所有服务信息完整留存。之后，企业可以利用先进的智能算法对这些数据进行深度挖掘与全面分析，从而生成直观易懂的可视化分析报告。这不仅为团队管理和战略决策提供了坚实的数据支持，还帮助企业不断优化服务方案，进而提升客户满意度和复购率，推动业务增长。

4. 服务过程透明

客户满意度是衡量服务人员绩效的关键指标。为了确保服务的透明性，服务人员应在完成服务后，立即将详细的服务报告上传至企业的管理系统，以供管理层进行实时监控和评估。此外，企业还应积极向客户发放调查问卷，以收集客户对服务人员的服务态度和专业水平的反馈，从而进一步完善服务流程，提升客户满意度。

市场竞争日益激烈，客户的获取成本也随之提高，企业对客户黏性的增强、产品复购率的提升等问题也越来越重视。智能化的售后服务系统可以帮助企业节省管理成本，提高运营效率和服务品质，进一步唤醒客户的品牌认知和复购意识。可以说，构建智能化售后服务体系已经成为企业建立竞争优势的关键举措。

13.2.3 中联重科：智能化售后服务系统

作为装备制造领域的代表性企业，中联重科积极探索服务型制造新模式，通过构建智能化售后服务系统，延伸服务内容，提高服务水平，为客户创造更大的价值。该系统以"中联e管家"App、AI专家诊断系统V2.0以及智能安全帽等标志性服务产品为核心，为客户提供更加便捷的售后服务。

1. "中联e管家"App

基于4.0系列产品（中联重科采用新一代技术，结合智能制造、信息互联等科技理念打造的一系列工程机械产品），中联重科研发"中联e管家"App。该软件能够为客户提供设备与项目管理、统计分析、设备维修、配件需求提交等服务，是中联重科为客户提供智能化服务的重要载体。

2. AI 专家诊断系统 V2.0

AI 专家诊断系统 V2.0 是中联重科研发的集语义理解、语义识别、专家案例库于一体的智慧服务产品。该系统的语音识别准确率超过 95%，专家案例库收录了 550 种故障解决方案，典型故障覆盖率达 95% 以上。除故障查询功能外，V2.0 系统添加了不同车型的维保手册、视频以及零部件编码等内容。

该系统主要为服务工程师、操作机手提供帮助。服务工程师可利用该系统精准定位故障点，明确解决方案并派出相应的维修人员，提升服务效率。在日常工作中，服务工程师也可以利用专家案例库学习故障排查知识，提升自身的专业水平。

操作机手则可以通过该系统自主查找解决方案，减少设备停机时间，为客户提供全天候远程专家服务。此外，通过系统中的维保视频与手册，操作机手能更好地进行设备的日常维护与保养工作，延长设备寿命。

3. 智能安全帽

智能安全帽是中联重科推出的一款智慧服务产品，搭载高清摄像头和 AI 智能算法。高清摄像头能够将服务场所的情况实时传送到管理后台，通过记忆功能生成解决样本，并在客户遇到困难时，帮助其及时联系后台技术专家。

AI 智能算法能自动识别设备零部件，客户在进行设备巡检时，能够及时收到不同零部件的维护建议。值得一提的是，即使在无网络的环境中，智能安全帽也会将现场情况及时存档，在网络连通后迅速上传。

此外，中联重科还与中国移动合作，搭建服务 E 通信息化管理平台，通过服务 E 通手持机对全国范围内的每一单服务进行一对一在线监管，真正做到以客户需求为核心，为客户带来更为智能、便捷的服务体验。

13.3 客户服务系统化升级

为了提升客户服务的质量和效率，企业需要对客户服务进行系统化、智能化升级。这包括引入 CRM 系统以及积极推进服务生态创新，从而实现对客户的有效维护和全方位的客户体验优化。

13.3.1 引入 CRM 系统，客户高效维护

在客户管理和维护方面，企业需要用好 CRM 系统。CRM 系统能够将所有的客户信息集成到一个平台上，使企业全面了解客户需求和行为，并对客户进行高效维护。

首先，CRM 系统能够帮助企业掌握客户信息，挖掘高价值客户。CRM 系统会收集客户的个人基本信息、消费习惯等数据，并建立数据库。基于数据库，CRM 系统会通过数据分析找到触达客户的关键点，企业可据此调整营销策略，提高客户体验。维护老客户的成本低于挖掘新客户的成本，因此，企业需要将重点放在维护老客户上，致力于提高老客户的满意度和忠诚度。

其次，CRM 系统能够进行市场分析并预测发展趋势。随着客户消费行为的变化，企业需要相应地更新自己的经营策略。CRM 系统与大数据相结合，能够根据客户的行为预测客户的需求，帮助企业进行产品开发或开展促销活动，避免资源浪费。CRM 系统能够对客户的购买记录进行分析，预测客户的未来偏好，帮助企业改变营销方式，对客户的需求及时做出反应。

再次，CRM 系统会根据客户数据对客户进行分层管理，并制订有针对

性的营销方案。在定制化的营销方案与广泛的传播途径的共同作用下,企业能够将信息传递给目标客户,满足客户的个性化需求,实现精准运营。

最后,CRM 系统具备客户流失预警功能。通过数据分析,CRM 系统能够识别出可能流失的客户群体,并发出预警信号。同时,它还能对客户流失的原因进行分析,找出关键因素。据此,企业可以制订有针对性的客户管理方案,如改善服务、加强沟通等,以挽回客户。

综上所述,CRM 系统为客户维护提供了全面而高效的支持,助力企业实现客户的自动化和精准管理。企业可以通过与外部合作伙伴合作,引入 CRM 系统,从而实现更为高效的客户管理。

13.3.2 服务生态创新,提供全方位服务

基于 CRM 系统与多样化的外部资源,企业能够推动服务生态创新,打造闭环服务生态系统。基于以上系统,企业能够精准把握客户需求,实现个性化定制和高效响应。

在售前咨询环节,企业能够为客户提供多样化的产品推荐和专业的技术支持,提升客户满意度,增强其购买意愿。

具体来说,利用大数据技术,企业能够收集并分析潜在客户的购买历史与浏览行为,明确其个人偏好,从而预测潜在需求,制订个性化的产品推荐方案。以 AI 算法为核心的智能推荐系统会为客户自动推荐相关产品或服务,进而提高咨询效率。

利用 VR/AR 技术,企业可以为客户提供逼真的产品展示和场景模拟服务。客户可以在虚拟环境中体验产品,从而更好地了解产品特性和使用场景。而 3D 打印技术使企业能够快速制作出产品原型或定制化样品,在咨询过程

中直接展示给客户，进一步增强客户的购买意愿。

同时，企业积极构建包括电话、邮件、官网、短视频/知识类社交媒体在内的全渠道运营矩阵，使产品、服务信息精准触达目标客户。而搭载 AI 客服的智能客服系统利用 NLP 技术，24 小时不间断地为客户提供咨询服务，有效缓解人工客服的压力。

大部分销售人员不具备技术背景，而产品往往具有高度专业性，对此，企业需要建立智能知识库，整合常见问题、产品说明和技术逻辑等信息。销售人员可以通过知识库快速查找相关信息，提高咨询的专业性和准确性。

在售中环节，服务生态创新的优势体现在提升订单的实时性与透明度、提供个性化服务等方面。利用物联网和云计算技术，企业能够实时追踪订单在生产、物流等各个环节的状态，并将这些信息及时同步给客户。客户可以通过企业对外的平台或应用，随时查看订单的最新进展，提升整个售中过程的透明度。

特别是在生产环节，企业可以将生产线上的实时画面或数据通过数字化平台展示给客户，让其直观地看到产品生产过程，进一步增强客户的信任感和参与感。

在售后环节，服务生态创新使企业能够及时掌握产品状态信息、收集客户反馈并加以改进，有效增强客户黏性。

具体来说，通过物联网技术，企业能够实时监测产品的运行状态及关键参数，结合大数据技术分析、识别潜在的故障风险，提前向客户发出预警。而以 AI 为核心的智能诊断系统能够在产品出现故障时迅速定位故障点，分析故障原因，并给出相应的维修建议。智能化的故障预警机制与诊断方式，能够降低产品故障的发生率，减少停机时间和维修成本。

同时，借助物联网和云计算技术，企业能够实现对产品的远程维修。技术人员无须亲临现场，即可通过远程操作解决问题。如果需要维修人员到场检查，智能调度系统会根据维修人员的地理位置、专长领域以及工作负荷等因素，智能分配维修任务。这确保了维修资源的高效利用，提高了维修响应速度和客户满意度。

综上所述，服务生态创新是智能制造时代企业优化服务的重要举措，它要求企业具备更强的资源整合能力、技术创新能力和客户服务能力。通过不断完善和优化闭环服务生态系统，企业能够更好地满足客户需求，提升市场竞争力，实现可持续发展。

13.3.3 安踏：全方位的智慧服务

作为知名的体育用品品牌，安踏的业务覆盖运动鞋服、配饰以及体育用品的设计、生产、销售。在发展过程中，安踏在智慧服务方面进行了诸多探索。

在客户体验方面，安踏基于深入的数据分析和市场洞察，了解市场趋势与客户需求，进行有针对性的产品开发，使产品更加符合客户需求。基于数据分析结果，安踏实现了个性化推荐与销售。在电商平台上，安踏通过分析客户搜索、浏览数据，向其推送可能感兴趣的产品；在门店中，智能互动屏能够展示个性化的营销内容。

安踏构建了完善的会员体系，通过积分、折扣等激励措施吸引更多消费者成为安踏会员。会员可以享受更多的优惠和服务，如专属折扣、生日礼物等。同时，安踏还通过分析会员数据，深入了解会员的购物习惯和需求变化，为会员提供更加个性化的服务。

此外，为了提升客户体验，安踏打造了智慧化的零售门店。一方面，零售门店引入了 3D 脚型扫描仪、智能试衣镜等智能设备，为客户提供个性化的产品推荐和试衣体验。另一方面，一些零售门店设置了仿真滑雪区、攀岩区等沉浸式体验区，通过引入专业设备和全息投影技术，为客户提供身临其境的运动体验。这吸引了大量人群前来体验，极大地增强了品牌与客户间的互动。

总之，安踏在智慧服务方面进行了多样化的探索，从多方面提升了客户体验。这在提升客户满意度的同时也显著增强了安踏的市场竞争力。